Ludovic Ninet

Petit éloge du rugby

ÉDITIONS FRANÇOIS BOURIN

À mes dix formidables saisons
au Rugby Club Paris 15,
décennie inoubliable sur et hors le terrain

À Jacques Dury et Patrick Ladauge

Aux belles années de journalisme

Chapitre 1
À l'origine

Je n'ai pas le souvenir d'une première fois. Aucun match ni aucun joueur, pas une action n'ont, au cours de mon enfance, allumé ma passion pour le rugby. Il était là, simplement. Sur l'écran de télévision, l'hiver, pour le Tournoi des Cinq Nations. Plus tard, dans les tribunes du Parc des Princes. Dans la boue, certains dimanches matin, avec mon frère, ma sœur et mon père, au parc de l'héliport, qui deviendra par la suite le parc Suzan-Lenglen, le long du boulevard périphérique, entre la porte de Sèvres et le quai d'Issy. Nous jouions, parfois, dans le couloir de l'appartement, après le dîner. Mon frère, blond et fin, incarnait le demi de mêlée Jérôme Gallion, blond lui aussi. Moi, j'avais le ventre rond, j'étais le pilier Robert Paparemborde. Le couloir, prolongé d'un côté par l'entrée et, de l'autre, par la desserte de nos chambres, m'apparaissait immense. Je lançai en touche et nous faisions des tas. C'était beaucoup ça, le rugby, à l'époque. Des tas, de la boue, quelques envolées et cavalcades, le ballon passant dans les mains de Didier Codorniou, Philippe Sella et Serge Blanco. C'étaient les années 1980, mon enfance bercée par le sport. Par le be-bop, aussi, la musique classique, les Beatles de temps en temps et l'orgue, le dimanche midi, avant *Stade 2* et la pizza aux anchois du dimanche soir, par les westerns de *La Dernière Séance*, le mardi. Je rêvais d'être Michel Platini, héros de l'Euro 1984 de football. J'admirais ses coéquipiers Alain Giresse, Jean Tigana, Patrick Battiston. J'encourageais Bernard Hinault et Laurent Fignon, en culotte courte et chaussures de randonnée, sur le bord des montées alpestres du Tour de France, pendant les vacances de juillet. Je suivais Alain Prost en Formule 1, qui luttait contre Nelson Piquet. Il était souvent question, à la maison, des tennismen John McEnroe et Jimmy Connors, de leur toucher de balle et de leurs engueulades légendaires, de leurs jeunes émules Matts Wilander et Boris Becker, vainqueurs de tournois du Grand Chelem à dix-sept ans, du « chat de la varappe » Patrick Edlinger, de l'alpiniste Gaston Rébuffat, du skieur Ingemar Stenmark… Tous ces noms ont nourri mon imaginaire. Le rugby, sport sans stars dont les individualités me marquaient moins, avait de la concurrence : dans le cadre familial, je pratiquais plus le ski, la randonnée, l'escalade, le football, le ping-pong ou le tennis. Mon premier sport joué en club fut d'ailleurs le football.

Cet univers baigné de références sportives, je le dois à mon père ; je ne sais ce qu'il trouvait à suivre les compétitions, à s'enthousiasmer pour des victoires et des exploits, je ne l'ai jamais questionné à ce sujet. Était-ce l'admiration qu'il avait pour ces talents et destins exceptionnels ? Pour ce qu'il savait ne jamais pouvoir accomplir ? L'idée que l'Homme ne cesse de s'améliorer et de se dépasser ? Juste des émotions ? J'aurais pu m'en détacher. Au contraire, le sport est devenu mon ADN. Spectateur, d'abord, et pratiquant occasionnel. Puis pratiquant assidu et journaliste. J'aime le sport comme d'autres goûtent la peinture, la poésie ou le cinéma (que je goûte aussi, à l'occasion, heureusement). J'aime le sport en tant que pratique, pas pour le cirque des superproductions internationales. Le geste sportif me touche pour ce qu'il est, un spectacle vivant qui associe le corps en mouvement, l'expression de la puissance physique, l'utilisation d'une technique (voire d'un talent) et l'accomplissement individuel ou collectif par la réussite d'une action entraînant un résultat. Un revers long de ligne en tennis (la pureté du coup de Stanislas Wawrinka) ou une volée glissée sur la terre battue de Roland-Garros, l'accélération dans un col debout sur les pédales ou la position quasi immobile et aérodynamique du cycliste contre-la-montre tournant ses seules jambes (ah, Jan Ullrich !), une frappe sèche en pleine lucarne, l'explosion hors des starting-blocks du sprinter, le tempo et la glisse du slalomeur, la prise d'intervalle, la course redressée du rugbyman puis sa passe, effectuée dans le temps juste à un partenaire surgissant à pleine vitesse m'émeuvent, c'est viscéral. Probablement parce que, sportif moi-même, quel qu'ait pu être mon niveau, j'y associe les sensations intérieures qui les accompagnent – contraction musculaire ou relâchement, articulations sous tension, effort cardio-vasculaire et adrénaline, saturation des muscles par l'acide lactique, concentration maximale, regard périphérique, recherche du partenaire, justesse technique – et parce que j'y trouve, sans besoin de l'intellectualiser, c'est-à-dire de manière instantanée, une expression paroxystique et jouissive du style et de la pureté, un émoi esthétique. Le corps sportif est un corps en vie. Il vibre à haute intensité. Devant ce spectacle, mon alchimie corporelle réagit. C'est inexplicable, comme l'est l'émotion que procurent un coup de pinceau, une strophe de poésie ou le groove d'un riff de blues. En ce sens, oserais-je, le spectacle sportif est une expression artistique.

Chez nous, le rugby avait une place à part. Pourtant, mon père y avait très peu joué et moi, je ne m'y suis mis qu'à dix-huit ans. Avant l'écriture de ce livre, je n'avais jamais cherché à comprendre le pourquoi de cette position particulière. J'ai tiré un fil, j'avance une hypothèse. Le rugby avait, dans le monde du sport, une place également à part – pour deux raisons principales. Même au plus haut niveau, tous les gabarits pouvaient y évoluer, la diversité y était même nécessaire. Ce n'est pas qu'une légende : le grand, le gros, le petit, le maigre, le malin, le fort, le rapide, l'endurant, le stratège, le combattant, le suiveur, le leader, tous les profils se complétaient pour former un tout cohérent et efficace, capable d'assumer les tâches nombreuses et variées qu'impose le jeu de rugby. Ce sport donnait donc sa chance à tout le monde. C'est toujours vrai aujourd'hui chez les amateurs, un peu moins au niveau professionnel, où les morphologies se standardisent. Et puis, le rugby était encore un sport amateur, donc de nature a priori différente des autres sports, professionnels, eux. Il bénéficiait pourtant d'une popularité et d'une couverture médiatique quasi équivalentes. Amateur, cela impliquait théoriquement la gratuité de l'engagement des participants, une certaine forme de noblesse ; les équipes promouvant le (beau) jeu avant de se préoccuper du résultat, les individus jouant pour le plaisir, et non contre rémunération. Le rugby était un loisir, il ne pouvait être la source d'un profit pécuniaire.

Amateur, cela voulait donc dire, d'abord, et surtout pour l'enfant que j'étais, que ces types qui jouaient sur la pelouse du Parc des Princes avaient par ailleurs un travail comme tout le monde : là, le dentiste, ici, le livreur de pommes de terre, le pompier, le prof de sport, le restaurateur ou l'avocat. Et ça, c'était admirable. Ils étaient des hommes ordinaires, à la vie supposément ordinaire, qui ne s'entraînaient pas matin et soir comme des pros et pourtant couraient vite et poussaient fort. En réalité, cela me les rendait encore plus extraordinaires. Ils possédaient un petit quelque chose en plus, qui leur permettait d'être là. Je comprendrai plus tard que cet amateurisme n'était pas si pur et que ce quelque chose, combinaison d'une supériorité physique écrasante et, souvent, d'un don pour ce jeu, était en réalité énorme. En tout cas, enfant, je parais ces hommes de vertus exceptionnelles. Le mécano ou l'ouvrier faisaient forcément preuve d'une grande humilité pour pointer le lundi matin après avoir représenté la France le samedi, le cadre supérieur en avait dans le ciboulot, lui – imagine, il a fait des études. Tout cela, bien sûr, vu au travers du prisme de la culture familiale (qui valorisait les études, l'accomplissement professionnel, l'élévation sociale).

Et puis ces gaillards, physiquement, c'étaient des spécimens. Je me souviens d'être allé coller mon pied à celui d'Olivier Roumat en août 1991, à l'issue d'un match caritatif qui avait lieu chaque année devant les remparts de la vieille ville fortifiée, le dernier jour des fêtes de Bayonne. Nous étions en vacances à Bidart, à quelques kilomètres de là, à nous faire secouer dans les rouleaux. Roumat, 2 mètres, 110 kilos, pointure qui avoisinait le 48. Mon 46, pourtant déjà démesuré pour mon âge et ma taille de jeune adolescent, paraissait ridicule à côté de ses immenses godasses. Roumat, alors joueur de Dax et membre du XV de France, signait des autographes et, tenez-vous, parlait anglais avec un supporter. Il était géomètre de formation. Et il parlait anglais. Avec mon frère, on s'était regardé, subjugués : ouah, ces rugbymen, quand même… Ces années-là, c'était encore l'époque de l'éponge magique. Le kiné, entré sur la pelouse avec son seau d'eau, la passait sur une plaie ou un genou douloureux et le joueur repartait. Je me souviens du maillot ensanglanté de Jean-Pierre Rives (taché du sang d'un autre, je l'ai su après). Ces gars-là ne faisaient pas de chiqué. Ils étaient à la fois des durs et des artistes. Et puis, ils ne se prenaient pas au sérieux.

Le soir de la finale du Championnat de France 1987, qui opposait le Racing Club de France au Rugby Club toulonnais, j'étais dans les tribunes du Parc des Princes. Les Racingmen, arborant nœuds papillon roses, avaient bu le champagne à la mi-temps. J'avais onze ans. J'étais effrayé par les supporters varois peinturlurés de noir et de rouge, qui tapaient sur les panneaux publicitaires du premier étage en vociférant. Mon père m'avait expliqué la fantaisie des Parisiens. Il admirait cette légèreté, dont, je pense, il se savait incapable. Par mimétisme, cette admiration-là aussi, je l'ai faite mienne (je ne savais pas encore, non plus, ce qu'en rugby s'amuser et faire la fête pouvaient signifier). Aimer le rugby, dans la cour de récré, c'était original. Il y avait là comme une posture culturelle, un pas de côté identitaire. Comme les copains, j'aimais le foot, mais je préférais le rugby, parce que le rugby, hein, c'était quand même autre chose. D'autres valeurs. Il fallait être initié pour comprendre ce sport particulier. Et je l'étais.

Du moins je le croyais. En réalité, j'ignorais quasiment tout du rugby, de son essence et de son histoire. Il me faudra assister à sa mutation – athlétique, technique, stratégique et marchande –, et l'accompagner avec enthousiasme pour, ensuite, avec recul, mesurer à quel point le rugby avait résisté à son époque avant de s'y vautrer. Entre-temps, j'ai plongé dans son passé, appris ses légendes, questionné ses règles pour en assimiler les fondements. J'ai découvert sa géographie (le Sud-Ouest, l'ex-empire britannique, les deux hémisphères), étudié son économie, sa popularité. J'ai interviewé les héros de mon adolescence, ceux du moment, d'autres figures emblématiques, plus anciennes. J'ai parcouru les stades, couvert des matches et des matches, en France et ailleurs (ah, Cardiff!), tout en même temps qu'à mon niveau, je jouais, je m'entraînais, je me transformais, j'expérimentais ce sport riche, complexe, techniquement et humainement, mêlant dans un aller-retour perpétuel ce que je vivais et observais.

Il fallait probablement être un peu dingue pour inventer, au XIXe siècle, un sport où, pour l'emporter, on doit avancer en se passant le ballon en arrière et il faut certainement être un peu dingue pour pratiquer un sport dans lequel on se rentre dedans sciemment avec autant de violence. Mais dans la passe en arrière et dans le contact réside l'essence même du rugby. Le don, le mouvement collectif, le combat. Ces trois caractéristiques, auxquelles s'ajoute l'obligation de libérer le ballon pour le mettre à la disposition des autres, partenaires comme adversaires, lorsqu'on est au sol, posent les bases de la solidarité et de l'altruisme sans lesquels aucune équipe ne peut fonctionner. Le rugby est un affrontement collectif. Il y est toujours question de soutien : soutien au porteur de balle, soutien pour protéger le ballon, soutien pour pousser, pour lever, soutien dans le combat, « assistant plaqueur », « dernier passeur premier soutien », « soutien dans l'axe ». Au rugby, c'est inéluctable, on n'est rien sans l'autre. « Aller au sacrifice », dit-on même. Je ne mesurais rien de tout cela, enfant. À part le don par la passe, peut-être. J'étais juste exposé à ce spectacle et à sa dramaturgie. Toujours en 1987, j'ai assisté à la victoire de la France sur l'Écosse, dans un Tournoi des V Nations qui allait devenir le quatrième Grand Chelem français de l'histoire, et au triplé de l'ailier Eric Bonneval, juste sous mon nez. J'ai le souvenir du béton froid et granuleux du muret du premier étage du Parc des Princes auquel je m'appuyais pour voir, justement, les exploits du Toulousain le long de la ligne de touche. Le souvenir est encore vif de ce joueur plongeant, tout étendu, au coin de l'en-but, d'un public qui exulte, des « *Come on, Scotland!* » éraillés des supporters en kilt, de la remontée écossaise en deuxième mi-temps. C'était tout un folklore dont je percevais au moins qu'il était un jeu. Un jeu sur le terrain, un jeu dans les tribunes, un jeu, malgré l'enjeu, avec ce qu'il véhiculait de sourires, de gaieté, de partage, d'émotions fortes et d'amusement.

La bascule intervient en 1994. Je prends une licence et me mets à rêver de manière insensée au plus haut niveau. J'ai dix-huit ans, aucune qualité physique particulière pour ce sport, à part, peut-être, une certaine ténacité. C'est l'année du bac, la crise identitaire. Je m'arrêterai vingt ans plus tard. Immédiatement, en parallèle, je me nourris, je m'intéresse, je m'informe, j'absorbe, je veux tout savoir et tout connaître, tout comprendre. Je ne pouvais dissocier le physique de l'intellectuel. Je deviens spécialiste. Cela me mène au journalisme. Puis le journalisme à l'écriture. Il était temps de tout réunir.

*

Je précise que le rugby dont il est question dans cet ouvrage est le rugby à XV. Il existe également un rugby à XIII, sport méconnu en France, plus populaire en Angleterre, en Australie et en Nouvelle-Zélande, qui est un dérivé du rugby à XV et que je connais mal. Le jeu et les règles diffèrent. Je l'évoquerai rapidement quand j'aborderai l'histoire du rugby. Il existe aussi un rugby à 7, épreuve olympique depuis 2016. Ce rugby à 7 est, lui, lié au rugby à XV dont il est un format alternatif.

Chapitre 2
Rattrapage

Il serait malhonnête de nier l'opacité des règles qui régissent le rugby. Je ne fais donc pas l'économie d'un éclairage sur les fondements de ce jeu, au risque de barber les spécialistes (je les invite à se rendre au chapitre suivant, s'ils le souhaitent). J'ai en tête la moue mi-amusée, mi-perplexe des non-initiés qui n'hésitent pas à qualifier ces fondements, yeux et fronts plissés, d'inintelligibles, impénétrables, incompréhensibles, nébuleux, obscurs, bref, tout sauf universels. Rien de surprenant, le rugby à XV ne s'est jamais préoccupé d'universalité, au contraire, même, du moins pas jusqu'à l'ouverture au professionnalisme, en 1995. Depuis, c'est autre chose, et il marche en crabe.

Pourtant, et si impénétrable soit-il, le rugby se fonde sur une poignée de principes élémentaires à la portée du premier venu, qui donnent un sens évident au déroulement d'une partie : il suffit de prendre le temps de les énoncer (ou de les rappeler ; pour bon nombre de pratiquants, ce ne serait probablement pas inutile).

Sans tableau noir, essayons d'être compréhensible. Premier principe, le rugby est un jeu de « gagne terrain ». C'est LA base, posée par la règle du hors-jeu qui institue que tout partenaire situé devant le porteur de balle est hors-jeu et ne peut donc recevoir le ballon, qu'il soit transmis à la main ou au pied. La passe ne peut ainsi se faire qu'en arrière. La passe au pied, elle, ne peut être récupérée que par un joueur parti derrière le botteur au moment de la frappe. De là découle le déplacement forcément simultané et dans la même direction des 15 joueurs d'une même équipe, tous placés derrière le ballon. Visualisez le terrain, depuis le ciel : les deux équipes s'opposent sur une ligne de front matérialisée par le ballon, parallèle aux lignes d'essai, et cette ligne se déplace comme un curseur, en fonction de la domination de l'une ou l'autre des deux formations.

Ce principe de « gagne terrain » met en exergue la notion d'avancée, cruciale en rugby : vous comprenez désormais pourquoi. Ce qu'on appelle « gagner la ligne d'avantage» (dépasser la susdite ligne de front, redéfinie à chaque regroupement ou arrêt du jeu), même de quelques centimètres seulement, place l'équipe tout entière dans la bonne dynamique et l'adversaire sur les talons. C'est valable en attaque, on le comprend aisément: on oblige la défense à reculer. Mais c'est valable aussi en défense: on enraye la progression de l'équipe en possession du ballon; on l'étouffe, on bloque sa progression. Imaginons un porteur de balle stoppé net et repoussé dans son camp de plusieurs mètres: il contraint ses partenaires les plus proches à interrompre leur course vers l'avant, à repartir en arrière pour l'aider, quand, dans le même temps, toute la ligne de défense adverse n'a qu'à poursuivre son mouvement vers l'avant. En rugby, on ne peut donc s'approcher de la ligne d'essai adverse qu'à la faveur d'un mouvement général, au départ en tout cas, ce mouvement visant à placer un ou des joueurs en situation d'avancée franche.

Deuxième principe, le corps à corps. Les partisans du jeu de rugby, qui en ont édifié les règles au XIXe siècle (on verra comment plus loin), défendaient un jeu dans lequel l'affrontement physique était autorisé (y compris, au départ, les coups de pied dans les jambes). C'est un parti pris initial. On peut y déceler des motivations éducatives, la possibilité d'un défoulement, la purgation de violences intériorisées, qu'importe ici, sur le terrain, cela offre une liberté incroyable, qui intensifie évidemment l'opposition sur la ligne de front où, pour que l'égalité des chances soit maintenue, et dans le respect des règles de sécurité, le porteur de balle peut percuter et le défenseur peut plaquer.

Troisième principe, lâcher le ballon lorsqu'on est au sol. Tout joueur tenu au sol, c'est-à-dire plaqué, doit libérer le ballon pour le rendre au jeu. « Au jeu », cela veut dire : pour que quiconque puisse s'en saisir, partenaire ou adversaire. Voilà qui, une fois le jeu lancé, influence grandement le déplacement d'une équipe, pour protéger et conserver le ballon quand elle le possède, pour tenter de le subtiliser quand elle le convoite.

Quatrième principe, la grande majorité des phases de remise en jeu du ballon donne lieu à une lutte pour sa conquête. La possession, même pour lancer le jeu, n'est pas acquise. Le duel qui intervient souvent après une remise en touche au football, par exemple, est ainsi systématisé au rugby. Le plus souvent, il est collectif (mêlée, touche, engagement, renvoi), mais il peut aussi être individuel sur engagement et renvoi (deux joueurs se disputent le ballon en l'air). La conquête collective du ballon est un fondement du rugby, d'autant plus important que, même sur ses propres engagements, on est donc en danger. De là provient, en partie, le mythe de la mêlée.

Cinquième principe, le respect de l'arbitre. Le directeur de jeu est intouchable. On enseigne d'ailleurs que « l'arbitre a toujours raison », pour dire qu'il est inutile de contester ses décisions. Il y aurait là matière à débat, argumentation pour et contre, dissociation entre secteurs amateur et professionnel, interprétation de ci, interprétation de ça, un livre entier. Le rugby regorge, malheureusement, et à tous les niveaux, d'exemples d'erreurs grossières, d'insuffisances et même d'entubages notoires. Néanmoins, et dans une majorité des cas, quelles qu'aient été ses décisions, l'arbitre est respecté. Il possède une arme pour cela, outre la discipline et la bonne conduite des joueurs : la loi des dix mètres. Vous contestez ? À dix mètres, messieurs, ou mesdames (dix mètres, c'est la distance réglementaire à laquelle doivent se positionner les défenseurs du point où vont être joués une pénalité ou un coup franc). « L'ouvrir », c'est donc prendre le risque de reculer de dix mètres et d'offrir l'occasion à l'adversaire de gagner un peu plus de terrain, voire de se retrouver à portée de tir pour tenter un but. Autre garde-fou, seul le capitaine est habilité à parler à l'arbitre. Au plus haut niveau, vous ne verrez donc jamais plusieurs joueurs l'entourer comme cela se voit au football, le bousculer, et encore moins l'invectiver. Sur la touche, les entraîneurs piaillent pendant le match, c'est vrai. Le public, je n'en parle pas. Les présidents, après la rencontre, y vont parfois de leur commentaire mais, sur la pelouse, motus – et c'est une chance immense. Chez les amateurs, c'est, disons, plus contrasté. L'arbitre est seul (pas de juges de touche ni d'arbitrage vidéo, évidemment) et moins compétent que ses collègues pros. Beaucoup de choses peuvent se passer dans son dos ou lui échapper. L'arbitre est là pour conduire le jeu, assurer le déroulement du match, il interprète donc sans cesse les situations et finit par ne siffler que les fautes les plus graves (sinon, il sifflerait sans arrêt). C'est une charge énorme. On peut dire aujourd'hui que la professionnalisation de l'arbitrage n'a apporté que du bon. Le niveau de compétence des arbitres dans les championnats professionnels et au niveau international est stupéfiant.

Une fois ces grands principes intégrés, on n'est toujours pas sortis de l'auberge… Je plaisante. C'est un grand pas. Dans un sens, toutes les autres règles n'ont été inventées que pour assurer la sécurité des joueurs et pour équilibrer l'opposition en offrant, d'un côté, au défenseur, des chances de disputer et de récupérer le ballon et, en protégeant, de l'autre, l'attaquant des irrégularités du défenseur pour pouvoir utiliser le ballon. Depuis les années 1960, mais surtout depuis la fin des années 1980, une nouvelle motivation a favorisé l'évolution des règles – sans que les fondements énoncés ci-dessus s'en trouvent altérés (pour le moment) : encourager le spectacle. Autrement dit, les règles ont été modifiées pour inciter à la pratique d'un jeu plus spectaculaire, à savoir plus aéré (moins de tas, plus de courses), et de fait davantage accessible au plus grand nombre et appréciable par celui-ci.

Sont donc codifiées 21 règles, en réalité 21 thèmes détaillés point par point, concernant, par exemple, les dimensions du terrain, le nombre de joueurs, l'obtention des points, la façon dont un plaquage doit être administré, dont une touche doit être lancée et captée, dont un pilier doit pousser en mêlée, dont un ballon peut être disputé dans un regroupement, dont un soutien peut intervenir dans le même regroupement, dont telle faute est sanctionnée, etc. À ce niveau de détail, il faut reconnaître que tout devient d'une grande complexité – ou d'une grande subtilité, question de point de vue.

À partir de ces principes fondateurs, on peut poser, toujours dans le but d'éclairer les néophytes, quelques principes basiques de jeu.

Avant d'être joué, le ballon doit être gagné. Il peut l'être lors d'une phase dite statique, ou ordonnée, quand le jeu a été arrêté et doit reprendre : ce sont la mêlée, la touche et les coups de pied d'engagement ou de renvoi. Il doit l'être aussi une fois le jeu lancé, comme si, à chaque phase de contact (ou de combat de type regroupement), il devait être regagné (on dit « conservé ») par l'équipe qui le possédait ou gagné par l'équipe qui défend. En quelque sorte, à chaque accident du jeu, la possession du ballon est remise en question.

Un ballon qui vit, passant de mains en mains, est moins facile à disputer qu'un ballon au sol. Le ballon va toujours plus vite que les joueurs, c'est pourquoi certaines équipes se concentrent sur le jeu de passes – mais, pour cela, il faut des joueurs adaptés, c'est-à-dire rapides et techniques, car perdre un ballon quand une passe est mal assurée constitue un réel danger.

Le rugby est un sport de contact, c'est sûr, mais c'est aussi un sport d'évitement (si, si). Regardez les enfants jouer : ils cherchent avant tout à courir, balle en main, vers les espaces libres, quitte à sortir des limites du terrain, plutôt qu'à foncer dans le tas. Chez les adultes, les options de jeu sont choisies en fonction des aptitudes physiques des joueurs et de la philosophie des entraîneurs. Schématiquement, pour franchir la défense adverse, l'équipe en possession du ballon a deux possibilités : la percer ou la contourner. Une défense étalée sur la largeur du terrain se transperce, une défense concentrée autour du ballon se contourne. C'est bête comme chou, n'est-ce pas ?

On peut affirmer qu'en rugby, il est plus important d'occuper le terrain que de posséder le ballon. Jouer, comme on le dit, chez l'adversaire, c'est-à-dire dans sa moitié de terrain à lui, c'est évidemment raccourcir la distance pour atteindre la ligne d'essai ; c'est aussi, en le mettant sous pression, pousser l'adversaire à la faute et obtenir des pénalités qui peuvent alors être converties en but ; c'est enfin s'éloigner de la portée de tir des buteurs adverses. Aujourd'hui, les joueurs capables de passer des buts de cinquante mètres (le terrain en fait un peu moins de cent) ne sont plus l'exception. Cette notion d'occupation du terrain peut aider à comprendre le recours au jeu au pied : pour sortir de son propre camp, pour aller chez l'adversaire, pour offrir une alternative quand le jeu à la main s'avère inefficace, pour obliger une défense à calmer ses ardeurs quand le jeu au pied est joué par-dessus, c'est-à-dire juste derrière la ligne des défenseurs dans le but de récupérer le ballon.

Il faut des joueurs pour assumer ces différentes tâches. Je n'enfonce pas une porte ouverte en écrivant cela, je veux parler de joueurs capables de les assumer dans leur spécificité. Et c'est peu dire que le rugby à XV, plus que les autres sports collectifs (à l'exception du football américain, qui n'en est qu'un lointain dérivé), offre quantité de tâches multiples et parfois antithétiques, qui requièrent des aptitudes physiques et techniques absolument spécifiques. Cela explique notamment la grande diversité de gabarits parmi les joueurs, et une certaine répartition des rôles. Un pilier ne joue pas au pied ou n'enchaîne pas les sprints de cinquante mètres ; un ouvreur ne va pas mettre son nez dans la mêlée.

L'équipe se divise en deux groupes : les avants et les arrières. Les avants, qu'on appelle affectueusement les « gros », du numéro 1 au numéro 8, forment la mêlée et la touche : ils ont pour rôle premier de conquérir le ballon. Ils comprennent les deux piliers (numéros 1 et 3), le talonneur (2), qui talonne le ballon dans la mêlée et le lance en touche, les deuxièmes lignes (4 et 5), les troisièmes lignes aile (6 et 7), le troisième ligne centre (8), appelé également « numéro 8 ». Tous les joueurs du 4 au 8 sont susceptibles de sauter en touche, c'est-à-dire susceptibles de capter le ballon pendant la touche. Les huit joueurs de devant forment le pack.

Les arrières, du 9 au 15, utilisent le ballon gagné par leurs partenaires. Ils comprennent les demis, le numéro 9 et le 10, qui gèrent le jeu, les centres (12 et 13), les ailiers (11 et 14) et l'arrière (15).

Les numéros 9 et 10, le demi de mêlée ou le demi d'ouverture (on dit aussi « ouvreur »), forment la charnière entre les avants et les arrières. Le demi de mêlée, le plus petit gabarit du rugby, plus proche des avants, décide d'envoyer le ballon vers les arrières ou de le garder devant, ou encore d'utiliser le jeu au pied. Le demi d'ouverture décide, à son tour, quand il reçoit le ballon, s'il tape au pied, s'il garde le ballon, s'il le donne à un partenaire près de lui, ou à un autre plus éloigné grâce à une longue passe. Ces choix se font en fonction de la disposition des joueurs, du positionnement de l'équipe sur le terrain et de celui de la défense adverse. Ils sont à effectuer en quelques fractions de seconde et nécessitent une bonne lecture du jeu, une grande lucidité et des capacités techniques très variées.

Cette distribution très schématique vaut avant tout pour les phases de remise en jeu, les fameuses phases statiques. Une fois le jeu lancé, c'est un peu plus compliqué (oui, c'est du rugby), puisqu'aujourd'hui tous les joueurs sont censés être capables d'intervenir avec justesse partout, même si le 9 et le 10 restent autant que possible aux manettes. Pour faire simple, un pilier doit pouvoir décaler son partenaire par une passe et un ailier doit savoir déblayer dans les regroupements. On appelle cela la suppléance, fortement accentuée depuis les années 1980-1990, et notamment depuis le passage au professionnalisme. Plus une équipe maîtrise ce principe de suppléance, plus elle peut pratiquer un rugby que l'on dit « total ». Il faut pour cela des joueurs de grand talent. L'exemple type, ce sont les All Blacks.

L'essai (ballon aplati à la main dans l'en-but) vaut 5 points, auxquels s'ajoutent les 2 points de la transformation si le buteur passe le ballon entre les poteaux et, bien sûr, au-dessus de la barre transversale, faut-il le préciser. À l'origine, le toucher en-but du ballon rapportait peu de points (1 seul, au tout début), il n'était que l'occasion de tenter (d'où le nom « essai », *try*, en anglais) un but, c'est-à-dire un coup de pied. Le but de pénalité comme le drop (*drop-goal* pour le nom complet, « coup de pied tombé » : le ballon est frappé à l'instant même où il touche le sol de sa pointe) rapportent 3 points. Le drop est tenté dans le jeu courant tandis que le but de pénalité (on dit plus simplement « la pénalité ») est tenté alors qu'à la suite d'une faute sifflée, le jeu a été arrêté.

Le terrain est divisé en deux moitiés, chacune divisée en quatre zones. Attention, on commence à entrer dans une vraie complexité :

- l'en-but. C'est là où sont marqués les essais ; c'est également là que l'équipe qui défend peut aplatir le ballon pour obtenir un renvoi au niveau des 22 mètres, un « renvoi (aux) 22 », si le ballon a été introduit dans l'en-but par l'adversaire, ou pour concéder une mêlée à 5 mètres (« mêlée à 5 »), avec introduction adverse si c'est elle qui a rentré la balle dans son en-but pour éviter, par exemple, de prendre un essai. Au-delà de l'en-but, c'est la zone de ballon mort.

- les 22 mètres vont de la ligne d'en-but à celle des 22. À l'intérieur de ceux-ci, l'équipe qui défend peut dégager le ballon directement en touche, à condition de ne pas l'y avoir rentré elle-même (ailleurs, sur le terrain, le ballon doit rebondir au moins une fois avant de sortir des limites), et faire un arrêt de volée ou un « marque » à la réception d'un coup de pied de l'adversaire (le joueur se saisit du ballon à la volée, c'est-à-dire avant qu'il ait touché le sol, et crie « marque »), ce qui interrompt le jeu et force l'adversaire à reculer de dix mètres du point où le ballon a été saisi.

- la ligne des 40, située à quarante mètres de la ligne d'en-but, sert à matérialiser la distance minimale que doit effectuer le ballon depuis le centre du terrain, c'est-à-dire dix mètres, avant de toucher le sol sur coup de pied d'engagement en début de partie, après la pause ou après que des points ont été marqués. Cette ligne, qu'on peut aussi appeler la « ligne des 10 mètres », délimite deux zones, celle entre les 22 et les 40, et celle entre les 40 et les 50 (ou ligne médiane), qui sont des repères pour les observateurs et les joueurs afin de se situer sur le terrain.

Il reste quatre lignes en pointillé, parallèles aux lignes de touche. Et pour cause : ce sont les lignes des 5 et des 15, de chaque côté du terrain, donc, entre lesquelles doivent se tenir les deux alignements pour une remise en touche. Le ballon doit être lancé au-delà des 5 mètres, sinon la touche est perdue, le ballon change de main.

Contrairement au football, les lignes ne font pas partie du terrain. Je m'explique. Mettre le pied sur la ligne de touche, c'est être en touche. Aplatir le ballon sur la ligne d'en-but, c'est marquer, puisque la ligne fait partie de l'en-but. Mais, de la même manière, aplatir le ballon sur la dernière ligne du terrain, celle de « ballon mort », c'est aplatir hors du terrain.

Enfin, tout le monde le sait, au rugby, le ballon est ovale. C'est probablement l'une des caractéristiques les plus significatives de ce sport. Le monde du rugby français en a même tiré un nom, l'« ovalie », que l'on trouve dans le *Larousse* et *Le Petit Robert*, qui désigne le monde du rugby (du ballon ovale), parfois même dans une acception géographique. Le ballon doit sa forme – assez idéale pour le maniement à la main – aux vessies de porc utilisées, au XIXe siècle, pour sa confection. Cette forme occasionne des rebonds souvent surprenants quand le ballon est joué au pied, rebonds qui ont entretenu la légende par leur imprévisibilité.

Aujourd'hui, les botteurs ont acquis une telle science du jeu au pied, phénomène accentué par l'utilisation de matériaux synthétiques performants pour la fabrication des ballons, qu'ils en maîtrisent souvent les rebonds. Mais pas à tous les coups, et heureusement…

Chapitre 3

Le fantasme d'Obélix

Si l'on devait classer les caractéristiques identificatrices du rugby, le contact physique et sa rudesse apparaîtraient très certainement en premier (avec la forme ovale du ballon). Ces deux-là dominent l'imaginaire populaire. Le rugby, dans l'esprit des gens, c'est avant tout de gros gaillards qui se rentrent dedans, font des tas et s'esquintent le nez, les oreilles et les arcades sourcilières. C'est faire abstraction des autres composantes de ce sport, notamment la finesse technique et stratégique que ce jeu requiert, ou la notion fondamentale d'évitement. Mais tout cet imaginaire dit la prééminence de la dimension physique, y compris – et surtout – au sein même du microcosme rugbystique. Quand, en juin 2007, l'équipe de France, certes amoindrie, concède deux défaites records en Nouvelle-Zélande (103 points encaissés en deux matches, seulement 21 inscrits), deux actions éminemment physiques suffisent à élever la future star Sébastien Chabal au rang de phénomène. Sur l'une de ces deux actions, Chabal assomme le joueur qu'il plaque, sur l'autre, il fracture la mâchoire de celui qu'il percute, tête en avant. Les deux victimes ne sont pas des enfants de chœur et, sur la balance, dépassent chacune largement le quintal. Le pays du rugby adoube Chabal – non pas pour sa barbe et ses cheveux longs, quoique les médias profitent aussi du look du troisième ligne français surnommé *Caveman*, l'homme des cavernes, en une du *New Zealand Herald*, pour amplifier l'effet –, mais bien pour sa «*physcality*». Ce terme anglais est littéralement intraduisible en français. Il évoque la dimension physique, justement, celle liée au contact, au duel, à ces *collisions*, pour employer le terme désormais d'usage, que le rugby devenu professionnel ne cesse de multiplier. Il englobe bien sûr la notion de domination – comme si on aplatissait l'adversaire à coups de gourdin. Je couvrais cette tournée, en 2007, et je me souviens des réactions des confrères journalistes néo-zélandais. Peu importe qu'après avoir fracturé la mâchoire d'Ali Williams, plaqué, Chabal avait reculé de trois mètres. Par la puissance, valeur étalon par excellence, qu'il avait dégagée sur ces deux impacts, il avait fait la démonstration qu'il était de la race des joueurs qui marquent l'adversaire, celle qui vous place au-dessus des autres. Certains en sifflaient d'admiration. Chabal, comme d'autres joueurs avant lui et d'autres après, associaient la vitesse à une qualité musculaire naturellement (très) explosive, dégageant ainsi à l'impact une énergie cinétique hors du commun. Et c'est bien avant tout pour sa « bestialité », en partie surjouée, que ce malabar de plus de 110 kilos pour 1,91 mètre deviendra ensuite une figure populaire dépassant le cadre de son sport.

Dans le rugby, la dimension physique, brandie comme un étendard en Afrique du Sud par exemple, et la fascination pour la puissance (et, malheureusement, trop souvent pour le seul gabarit, ce qui n'est pourtant pas la même chose), c'est le fantasme d'Obélix. Depuis Jonah Lomu, on cherche la perle rare. L'ailier all black d'origine tongienne mesurait 1,95 mètre, pesait 119 kilos et courait le 100 mètres en onze secondes. Onze ans seulement après la fin de carrière de Jean-Pierre Rives, autre grande figure internationale de son époque qui pesait à peine plus de 80 kilos, Lomu a dynamité le rugby. La légende raconte que c'est en voyant ses exploits lors de la Coupe du monde 1995 en Afrique du Sud que Rupert Murdoch, le magnat des médias, a décidé de financer le circuit professionnel de l'hémisphère sud. C'est la légende. Le processus menant à la professionnalisation et à son financement, on le verra plus loin, est moins féerique et beaucoup plus complexe. Mais, en envoyant valser ses adversaires comme des playmobils, Lomu exprimait le nouveau potentiel du rugby – notamment télégénique – et le faisait entrer dans une nouvelle ère. Pour l'ensemble de la planète rugby, ce joueur était un ovni. Et il l'était parce qu'avant la vitesse, avant la technique, avant le sens du jeu, avant tout autre chose, il était l'incarnation même de la puissance physique. Il faut être honnête. Cette année-là, on n'en croyait pas nos yeux. Personne n'en croyait ses yeux. On riait d'un rire nerveux. On le voyait piétiner les Anglais (quatre essais en demi-finale). Il leur passait dessus, littéralement. On n'en revenait pas. Un an auparavant, plus jeune joueur à revêtir le maillot all black à dix-neuf ans et quarante-cinq jours (le record tient toujours), il faisait ses débuts contre la France, qui allait remporter une série de deux tests historique en Nouvelle-Zélande, il était gauche, pataud. En une année, la métamorphose. Lomu, qui pesait 5,9 kilos à sa naissance, racontait-on, avalait une dizaine d'œufs durs au petit-déjeuner. Il allait devenir la première et unique star planétaire que le rugby à XV ait jamais connue, sera courtisé par le football américain, bénéficiera d'un contrat mirobolant avec Adidas, détiendra le record des essais inscrits en Coupe du monde (15) – dont deux mémorables lors de la demi-finale non moins mémorable gagnée par la France, en 1999, à Twickenham. Il souffrait malheureusement d'un syndrome néphrétique congénital qui a perturbé sa carrière et dont il finira, malgré une greffe de rein pourtant réussie dans un premier temps, par mourir en 2015, à quarante ans.

Passé l'ébahissement et les stimuli d'effarement, les actions spectaculaires de Lomu parlent très bien du rugby et de son essence. Elles disent par exemple combien, par nature, ce sport ne fait aucun sentiment. Qui s'y trouve dominé physiquement peut l'être sans retenue. On écrase le faible, on écrabouille le petit, on enfonce le clou – sans scrupule. Quand 120 kilos peuvent en piétiner 80, ils le font, point. Les 80 kilos n'avaient qu'à passer leur chemin si ravaler ses dents et manger le gazon, cul par-dessus tête, leur déplaît. Collectivement, le principe est le même. Jamais une mêlée dominatrice ne cessera d'enfoncer la mêlée adverse : l'humiliation fait partie du jeu. On la doit aux origines anglo-saxonnes de ce sport, institué au XIXe siècle dans les *public schools* anglaises pour dresser la future élite à administrer l'empire selon les « bons » codes moraux.

Mais quelle que soit la genèse de ce trait de caractère propre, et tous les joueurs, par ailleurs, ne pesant pas 120 kilos, comment peut-on, lorsqu'on n'est pas du milieu, expliquer autrement que par une inclination masochiste que de plus légers viennent au rugby et s'y plaisent malgré le risque d'écrasement ? Il n'est (presque) jamais écrit à l'avance que le petit subira le plus gros. Ce serait trop simple et inintéressant. On ne verrait que des sumotoris sur les terrains de rugby. D'ailleurs, même en sumo, le poids n'est pas tout. L'obstination, la volonté, la technique, de percussion comme de plaquage, sont incontournables. Il faut savoir percuter là où l'adversaire est le plus faible, ou là où l'on se met le moins en danger, protéger son corps, son ballon, le libérer correctement. Savoir plaquer de sorte à faire tomber, même plus costaud que soi, en prenant par le côté par exemple, en saisissant aux chevilles pour ne pas subir l'énergie cinétique ou en portant un impact franc au bon moment, science instinctive du timing. Être tout d'un bloc contracté.

En Nouvelle-Zélande, pays que j'ai longuement visité en 2007 pour tenter de percevoir la place qu'y occupe le rugby et sa force en tant que ciment d'une nation, j'ai été frappé de voir dans quasiment toutes les équipes de jeunes un petit troisième ligne aile blond, vraiment petit, une tête de moins que les autres, infatigable plaqueur. Pour situer, troisième ligne aile (on dit aussi « flanker » ou « avant-aile »), c'est Thierry Dusautoir, Serge Betsen, Olivier Magne, Richie McCaw ou Jean-Pierre Rives, maillots numéros 6 et 7. L'activité de ces petits blonds néo-zélandais, à l'opposé donc des massifs gabarits polynésiens, en dit autant sur le rugby que les actions du grand Lomu. Elle rappelle que le contact et sa rudesse ne sont pas l'exclusivité des costauds. Elle ajoute que, même chétif – je grossis volontairement le trait –, on peut aimer ce contact, oui, l'aimer. Et chacun à sa manière, car ce contact est affaire de sensations intérieures, de défi lancé à soi-même, parfois, d'implication collective, le fameux sacrifice consistant à faire sa part pour l'équipe, quitte à morfler. Mais, c'est sûr, il faut l'aimer, le contact. Comment, autrement, goûter le rugby ? Ce qui, de l'extérieur, peut être perçu comme une déraison est en réalité une liberté extraordinaire que les règles autorisent. À condition, bien sûr, de se donner sans retenue – engagement physique et mental total, sans lequel tout contact est subi et devient dangereux.

Cet engagement sans limites est exceptionnel. On en prend la mesure après, une fois la carrière terminée (à quelque niveau qu'elle ait été menée). Se donner ainsi était devenu une habitude, une accoutumance, une addiction, peut-être, et, soudain, celle-ci disparaît. Ça fait un vide. Un immense vide, même quand le corps ne supportait plus. Certains cherchent une alternative, une autre forme de dépense extrême pour compenser – trail, crossfit, triathlon… Est-ce que cela compense ? Jamais vraiment. D'autres goûtent juste un repos (du corps) bien mérité. L'intensité physique du rugby, les sensations et les émotions qu'elle procure sont irremplaçables et tout aussi fortes que marquer un essai, donner le ballon dans le temps juste, s'échapper balle en main ou voler un lancer en touche. Je voudrais l'expliquer. Je ne sais pas comment. Comment dire, sans passer pour un barbare, que prendre des coups dans les oreilles me manque ? Que sentir le gros numéro 8 d'en face, parce que je me suis jeté dans ses jambes, tomber sèchement au sol et se faire voler le ballon par mon partenaire me manque ? Sentir que je tiens fermement sur mes pieds, les mains accrochées au ballon d'un adversaire au sol pour le lui arracher, malgré les percussions et les coups de casque de son équipe. Résister au plaquage après la réception d'un dégagement ou d'un renvoi. Déblayer vigoureusement un adversaire dans un regroupement. Le corps produit des endorphines, mais cela n'explique pas tout. Il y a, je crois, le contrat que l'on passe avec soi-même. Le plaisir tout à fait égoïste que l'on prend au milieu de ce grand déchaînement collectif. Et l'expérience de la puissance physique que l'on produit, du corps qui vit et vit partout, pas seulement dans la tête ou la poitrine, mais dans chaque membre et chaque muscle – ce que rappelle avec intensité la douleur. Dans toute pratique sportive de compétition, y compris en sport collectif, le dénominateur commun est le même : se prouver quelque chose à soi avant tout, et c'est pour cette raison, d'abord, qu'on se dépasse. Pour repousser ses propres limites. De cette démarche plus ou moins conscientisée naît le plaisir, produit par les sensations avant, pendant et après l'effort, comme par les résultats, l'équilibre entre les deux variant d'un individu à l'autre.

Un ami boxeur m'a confié un jour son respect de me savoir jouer au rugby. Parce qu'il faut du courage, expliquait-il. Je suis tombé de ma chaise. En rugby, l'affrontement physique (on parle aussi de « combat ») est incontournable, parce qu'imposé par le jeu. C'est, disons, un prérequis : il faut, à coups d'épaule, créer des brèches dans la défense avant de lancer la cavalerie et, parfois, percuter un adversaire quand on ne peut faire autrement. À aucun moment, cet affrontement n'est une fin en soi. En boxe, au contraire, il est le but. En rugby, on joue à XV, parfois à sept. On peut s'épauler, on parle d'ailleurs de « combat collectif ». En boxe, on est seul. Je cesse ici la comparaison, elle n'a aucun sens. En revanche, dans ses mots, cet ami boxeur mesurait, il me l'expliqua, la multiplicité, dans le rugby, des sources de contact violent, sur toutes les zones du corps, et le fait que ces contacts interviennent dans le cadre d'une activité qui requiert d'autres composantes, cardiovasculaires, techniques, stratégiques, organisationnelles. Il mesurait aussi, et surtout, le déséquilibre possible entre certains gabarits, et la dimension mentale induite quand il faut oser affronter plus imposant physiquement que soi en s'appuyant sur d'autres armes. Pour moi, ce déséquilibre fut précisément une source intarissable de motivation. Je sais gré à cet ami boxeur de sa remarque. Elle compensait les regards et les observations sceptiques reçues toutes ces années lorsque j'annonçais que je jouais au rugby, et parmi les avants. Quoi, toi, de taille moyenne et plutôt longiligne ? La dimension mentale échappe à la plupart. La diversité des qualités physiques, aussi. On peut admirer les courses de Christophe Dominici, 1,72 mètre et 82 kilos, soit un très petit gabarit à l'échelle internationale – un de ses partenaires, au Stade Français, le Samoan Brian Lima, célèbre « coupeur de têtes » pour les connaisseurs, refusait d'ailleurs de le plaquer à l'entraînement par respect pour son petit format –, on peut, donc, admirer les crochets de Dominici et sa belle gueule et pourtant s'attendre à ce que tout rugbyman rencontré dans son salon soit aussi large et grand qu'une armoire normande, les oreilles comme des cendriers et le nez en zigzag. On n'échappe pas aux images d'Épinal, ce qui montre, une fois de plus, l'image que « les gens » retiennent, l'image que le rugby propage : en premier lieu, celle, disons-le franchement, d'un sport de brutes.

Le rugby est surtout un sport à part, le seul sport de ballon qui permet à l'attaquant de courir (quasiment) sans entraves, le ballon dans les mains ou serré contre la poitrine, contrairement au football où il faut pousser la balle du pied tout en courant, au basket ou au handball, où il faut la faire rebondir. Seul le rugby permet au défenseur de stopper *totalement* l'attaquant – dans le respect de certaines règles de sécurité – et inversement, dans le respect des mêmes règles, le seul à permettre à l'attaquant de percuter le défenseur sans que cela soit jugé comme une agression illicite. Le rugby se définit par cette égalité des chances entre les antagonistes : si tu peux plaquer, je peux te percuter, et vice versa. C'est sa nature profonde. Brutale, c'est vrai, si l'on s'en tient au choc des corps, au bruit produit par la collision, à la douleur inhérente à l'affrontement physique. Mais j'aimerais être clair. Aimer le contact ne signifie pas aimer la douleur. La douleur fait simplement partie intégrante de la pratique du rugby, comme elle accompagne de nombreuses autres pratiques sportives à partir du moment où l'on pousse ses limites – à la différence que, là, les coups s'ajoutent à la souffrance musculaire ou corporelle que je dirais classique (l'acide lactique, par exemple, l'extrême fatigue, l'essoufflement, les poumons qui brûlent, etc.). Cette douleur additionnelle, on s'y fait. Même recevoir des coups de crampons sur les cuisses ou dans le dos, se faire écrabouiller les orteils, prendre un coup de coude en plein visage dans un regroupement, on s'y fait. Juré. On l'intègre, puis on le dépasse. On oublie vite parce que le jeu continue, on a son rôle à tenir, un match à jouer, et parce qu'on a juste envie de pratiquer ce sport. Qui ne surpasse pas cette douleur n'est pas fait pour jouer au rugby. Je revois Lionel Nallet, futur capitaine du XV de France et futur finaliste de la Coupe du monde 2011, blessé, plaquant d'un seul bras lors des dernières minutes d'Irlande-France 2007, à Dublin (victoire sur le fil, 20-17). Il avait passé quelques secondes au sol après un regroupement puis s'était relevé pour finir le boulot. *« Avec un bras, je pouvais toujours plaquer »*, expliqua-t-il après coup. Simplement. La douleur est une étape. Juste une étape. Peu de rugbymen feraient de bons boxeurs. Nous sommes trop habitués à encaisser.

Chapitre 4

Caramel, cartouche et timbre-poste

Il me suffit de croiser un joggeur ou un homme en rollers et l'envie me prend, paf, de le sécher. Je ne sais pas pourquoi. C'est instantané, une pulsion, incontrôlée, comme toute pulsion. J'ai conscience qu'oser cet aveu, à ce stade du livre, risque d'hypothéquer ma crédibilité. Mais c'est la vérité. Plaquer me manque. J'ai aimé plaquer, et plaquer si souvent. Et je précise qu'il n'est nul besoin, à mon sens, d'avoir plaqué des autobus springboks et samoans ou de revendiquer des centaines de points de suture à la tête comme le faisait, en riant, l'indestructible troisième ligne français Serge Betsen, pour avoir la légitimité de disserter sur l'acte défensif suprême. Proportionnellement, le rapport des forces et les sensations sont les mêmes. On plaque, point. On met son corps en opposition – et en opposition non pas au ballon comme au football ou au basket, mais au corps de l'adversaire, et cela quels que soient les gabarits en présence. Plaquer, c'est en quelque sorte poser un tronc d'arbre en travers de la route. Et parfois, un bouleau doit arrêter un 36 tonnes. Sauf que le bouleau a des bras et un cerveau, des hormones, des jambes, et que rien ne l'oblige à s'opposer de manière frontale, à part éventuellement des circonstances de jeu le plaçant juste en face du porteur de balle. Dans ce cas, c'est vrai, ça peut faire du bruit. Le corps prend, de toute façon. Même quand le corps-à-corps n'est pas frontal. On peut, par exemple, sauter sur le dos du porteur de balle que l'on poursuit pour le déséquilibrer et le faire tomber. Le corps, toujours en première ligne, s'agrippe, se cogne, chute dur.

À mon poste (je jouais flanker, côté gauche, celui où l'on défend sans le demi de mêlée, qui a dû suivre son vis-à-vis de l'autre côté, après l'introduction), je guettais, sous la mêlée, entre les pieds de mes partenaires et ceux du pack adverse, le départ du numéro 8 pour le faucher s'il ramassait le ballon et partait. Je suivais la course du ballon pour stopper le centre qui repiquait intérieur ou venait de croiser avec son ouvreur quand la balle avait gagné les lignes arrière, pour arrêter l'ouvreur qui tentait le crochet sur son vis-à-vis. Je rattrapais les centres passés entre mes partenaires quand cela arrivait, je rattrapais des ailiers en bout de ligne, je repoussais les charges des gros costauds au ras des regroupements si le jeu se concentrait devant. Je plaquais de côté, en poursuite, de face, plutôt bas, aux chevilles souvent, mais certains se font une spécialité des arrêts buffets (au buste), qui déséquilibrent et secouent pas mal. Tant que le plaquage n'intervient pas au-dessus de la ligne des épaules, que les bras enserrent le plaqué et que, dans la chute, le bassin ne passe pas au-dessus des épaules, tout est permis. On peut même y ajouter une percussion, c'est d'ailleurs conseillé, pour gagner l'impact. L'important, c'est que le 36 tonnes soit stoppé et, si possible, qu'il sorte de la route, ou au moins qu'il ait dévié de sa trajectoire. Cela nécessite un engagement total (une fois de plus) du corps et de l'âme, plus que jamais quand on est le bouleau qui doit se jeter dans les jambes d'un adversaire lancé « plein fer » et, malgré tout ce qu'on y met, il n'est pas dit que ça marche à tous les coups. Fabien Galthié doit s'en souvenir. Il avait pourtant mobilisé toute l'énergie du désespoir en cisaillant, en poursuite, les chevilles de Jonah Lomu, à deux mètres de la ligne d'essai française, lors de la demi-finale de Coupe du monde, en 1999. À cet instant, il n'y avait plus de réflexion, juste l'instinct, une forme de révolte, le refus désespéré de céder, même si 30 kilos séparaient les deux hommes.

Après un une-deux redoublé avec Jeff Wilson, qui avait enrhumé tout à la fois Émile Ntamack, Richard Dourthe et Philippe Bernat-Salles, Lomu avait échappé à Marc Lièvremont, pourtant plaqueur hors pair, qui lui aussi s'était jeté dans les chevilles du colosse all black mais n'avait saisi que du vent. Puis Lomu avait pris de la vitesse. Titou Lamaison s'était contenté d'un toucher une main, Xavier Garbajosa, qui jouait arrière ce jour-là et faisait office de dernier défenseur, fit une passe de toréro, Bernat-Salles arriva en retard et Galthié fit donc ce qu'il put. Garbajosa reconnaîtra des années plus tard s'être effacé devant le monstre néo-zélandais (j'ai revu les images, il n'est pas le seul). La peur avait frappé. Cette expression soudaine, instinctive elle aussi, et donc inconsciente, met en lumière, dans une situation extrême, rappelons-le (Lomu au meilleur de sa forme, lancé), et chez un joueur qui par ailleurs n'a jamais manqué de courage sur un terrain, toute l'intransigeance de l'implication mentale, la dose d'engagement, psychologique avant tout, que le rugby réclame. On mesure alors ce que des plaqueurs inusables et rarement pris en défaut comme Philippe Benetton (que, jeune joueur, j'ai pris en modèle), Lièvremont cité plus haut, Betsen ou Thierry Dusautoir (33 plaquages en quart de finale du Mondial 2007 contre la Nouvelle-Zélande) ont dans le moteur, dans les épaules et dans les bras et, surtout, dans la tronche. Personnellement, j'ai toujours apprécié que le rugby revisite avec tant de régularité le combat de David contre Goliath, probablement parce que moi-même j'étais souvent dans la peau du petit David, et j'ai toujours goûté que, si souvent, le plus petit, par sa ténacité, sa technique et ce refus irréductible de plier, parvienne à faire tomber le plus gros. C'est jubilatoire. Ce peut être vital – rejouer sans cesse le refus de se faire marcher dessus, une transposition cathartique, qui sait, des affronts de la vraie vie.

Qu'avait comme moteur Juan-Martin Hernandez, lorsqu'en plein quart de finale de Coupe d'Europe, il fit exploser Alesana Tuilagi sur le point de marquer ? Tuilagi était un ailier samoan d'au moins 120 kilos, si ce n'est pas 125, vous avez bien lu. Hernandez, Argentin surdoué, capable d'évoluer ouvreur, centre ou arrière, en pesait, quoi, 93, tout au plus. Il était le bouleau face au 36 tonnes. Pas face, non, justement. Il était arrivé de côté, se projetant pour un plaquage/percussion à hauteur d'épaule, de sorte à dévier le poids lourd de sa trajectoire, ce qu'il fit grâce à un engagement rageur, désinhibé pour le coup de toute appréhension. Tuilagi finit en touche, et sur les fesses. De face, Hernandez aurait explosé. J'étais dans les tribunes, ce jour-là. Dans le petit stade de Welford Road, en centre-ville de Leicester, au beau milieu de l'Angleterre, dans les Midlands, où le Stade français s'inclina, finalement. C'était en 2007. On nous servait à la mi-temps, en tribune de presse, des fourrés à la viande infects. J'étais du bon côté : j'ai vu ce plaquage de près. J'ai été ébahi. Ce qu'il m'en reste, aujourd'hui, c'est un corps, celui d'Hernandez, tendu vers sa cible, indéformable tellement il était dur et gainé, vif et explosif, un fauve en chasse, solide comme du béton armé. L'autre, c'était une espèce de tronc, un rectangle (je visualise un lit à la verticale avec des bras et des jambes), large et gros de partout, des cuisses autant que du buste autant que des bras, un 36 tonnes, donc, qui courait vite en ligne droite mais manquait de mobilité et de souplesse. Pas le genre à finasser. Il lui aurait pourtant suffi d'un changement d'appuis pour marquer (ce que Lomu, pour expliquer le phénomène, n'aurait pas manqué de faire). On trouve la vidéo de cette action sur Internet. Trois extraits de quelques secondes. Au ralenti, on voit l'épaule d'Hernandez, quand même, se déformer lors de l'impact mais, à vitesse réelle, l'énergie, la trajectoire, c'est presque de la balistique, tout plaide pour l'Argentin, regard et menton tendus vers l'avant. Sa détermination est proprement fascinante, et ce geste défensif est, à mon goût, tout aussi admirable que les nombreuses actions offensives qui lui ont valu le surnom d'« El Mago », le Magicien.

Le plaquage, on le comprend à la lumière de cet exemple, est un instant tectonique. La collision, parfois le télescopage, de deux parties en mouvement, un bref moment d'équilibre, le temps que l'opposition des forces donne son vainqueur. Et puis survient la chute, dans un sens ou dans un autre. Au départ, et dans la majorité des cas, le porteur de balle mène la danse. Il a l'initiative, a priori quelques fractions de seconde d'avance. Il choisit sa course, son angle d'attaque. Le plaquage est donc un acte de réaction et ce temps de réaction permet, quand les choses se passent bien pour le plaqueur, de décider – souvent par réflexe – comment plaquer et éventuellement de se préparer au contact. Dans certains cas, comme celui d'un Lomu à pleine vitesse, disons-le clairement, mieux vaut ne pas avoir le temps de réfléchir. On bande le corps tout entier, on crispe les mâchoires sur le protège-dents, on se projette d'une impulsion de l'arrière-train, et paf, c'est l'impact, subi ou gagné, parfois équilibré ; les bras s'entourent, s'accrochent, quelques fois à ce qu'ils peuvent – un pied, une cheville, un bout de maillot –, le duel a lieu, on pousse encore avec les jambes avant qu'enfin, on sente l'autre ralentir et puis tomber, tomber parfois immédiatement ou, plus rarement mais ça arrive, partir carrément en sens contraire – là, c'est le tampon, le caramel, le timbre, la cartouche, le sens interdit, le tube, la gloire pour le plaqueur, la vexation pour le plaqué.

Il y a, juste après la bascule et le retour au sol, comme un temps mort. Un grand silence qui rappelle le vide sonore consécutif, par exemple, à un accident de voiture. L'impression provient probablement du fait que le choc, pour ceux qui le vivent en tout cas, fait beaucoup de bruit. Ce temps mort ne dure pas : quelques fractions de seconde. Il s'accompagne d'odeurs, celles du gazon et de la terre humides, des sueurs mêlées et parfois des onguents, du maillot ou des chaussettes de l'adversaire auquel on est collé, à terre, relâché pour un court instant, le crâne posé sur le sol souple. Puis survient un nouveau déchaînement, l'arrivée des partenaires qui vont lutter pour le ballon. Là, ça va de nouveau secouer. Gare aux piétinements et aux mauvais coups de crampon. On prend un, deux joueurs sur le râble, impossible de bouger, on a du mal à respirer, mais il faut tenir. Puis on comprend, au bruit qui s'éloigne, aux tensions corporelles qui se relâchent, à la chaleur qui se disperse, que le ballon est reparti. Le jeu continue, l'empilement se dissout comme on démonterait un échafaudage ; on se relève. On reprend sa place, tout va bientôt recommencer. Et, parfois, on se rate, et c'est les boules. Tout le monde se rate un jour, c'est vrai, mais c'est les boules quand même.

Chacun met la dose d'amour-propre qui lui sied – dans son engagement, dans chaque impact, chaque plaquage, chaque action. La mienne, je crois, était élevée. J'y jouais mon honneur, en quelque sorte, quelque chose de cet ordre-là, oui, vis-à-vis de moi-même avant tout, vis-à-vis du reste de l'équipe, aussi. J'avais une mission à accomplir et je me devais de la remplir si on voulait l'emporter, si je voulais regarder mes partenaires dans les yeux. Alors j'ai pris des coups de genou dans les oreilles, des coups de crampons dans la gueule, des béquilles dans les biceps pour ne laisser filer ni l'adversaire ni mon orgueil. C'était peut-être trop, mais dans le plaquage réside aussi l'expression d'un sens du devoir aigu. C'est un acte individuel fort, pas loin du sacrifice, pour le bien du collectif. Philippe Sella en était l'incarnation. Je revois, dans mes souvenirs, les dernières minutes du deuxième test en Nouvelle-Zélande en 1994, celui d'Auckland. Sella fêtait sa cent-unième sélection, il était le premier joueur de l'histoire à avoir atteint les cent capes (la semaine précédente, lors de la victoire à Christchurch) ; il plaquait à tour de bras, et pas mollement. C'était une cartouche par action pour tenir le score et réaliser l'exploit. Un exemple de dévouement. Le rappel, malgré les honneurs et la renommée, qu'au rugby, il faut s'y filer, comme on dit, avant de fanfaronner.

J'ai hésité à revisiter la même action en portant mon attention sur celui qui percute. On risquait la redite. Mais il faut préciser qu'au contraire du plaquage et sauf exception, la percussion n'est pas volontairement dirigée contre un joueur (il arrive qu'un individu soit ciblé, l'ouvreur par exemple, quand on le sait mauvais défenseur). Le plaqueur a une cible. Le porteur de balle a, face à lui, une défense, je pourrais dire un paysage. Et ce paysage est composé de joueurs, plus ou moins nombreux, plus ou moins costauds, plus ou moins mobiles, et d'espaces, plus ou moins grands, plus ou moins faciles à exploiter. En fonction de ses aptitudes, du placement de ses partenaires, de la défense et du plan de jeu, il va choisir une option (il n'a d'ailleurs pas toujours le choix). L'affrontement en fait partie. Et, parfois, dans le cadre de cet affrontement, la percussion devient intentionnelle. Il n'y a qu'en allant défier l'adversaire à son contact que, dans certaines situations, on peut fixer ou franchir une défense dense comme un mur par exemple. Mais, le plus souvent, le porteur de balle charge, en ligne droite, produisant un impact maximum (là, on rejoint la préparation au contact du plaquage). A priori, il cherche la moindre brèche, la plus petite faiblesse à exploiter, soit l'espace le plus infime. Il veut traverser et la collision est initiée par le plaqueur. Le porteur de balle peut aussi se retrouver face à un défenseur qui ne lui laisse pas d'autre choix que de le percuter pour tenter de s'en débarrasser. À ce jeu, certains sont plus doués que d'autres, et mieux dotés – certainement une histoire d'équilibre entre le centre de gravité, la masse et la vitesse. Chabal, Lomu, Louis Picamoles, Abdelatif Benazzi sont des exemples très parlants, s'appuyant sur un fort tonnage, et de la vitesse. Car la vitesse reste la clé. Je me souviens d'un exercice, en stage de présaison, en junior. Des pneus de voiture, huit ou dix, étaient fixés en un point, sur l'extérieur, à hauteur de buste et disposés en quinconce, serrés, sur quelques mètres. Il fallait franchir l'obstacle balle en main (donc serrée contre la poitrine) sans perdre de vitesse, au risque de rester coincé entre deux pneus. Cela demandait une réaccélération permanente, et c'était sans pitié. À réfléchir aujourd'hui à toutes ces actions de rugby, je me dis que cet exercice était parfait. Les espaces étaient minces mais, à condition de maintenir la vitesse, on pouvait passer. Traverser, devrais-je dire – comme on traverse le ballon lors d'une frappe au football ou au rugby, ou la balle au tennis. Comme s'il fallait voir au-delà de la ligne de défense, ou au-delà du défenseur, se projeter derrière l'obstacle, pour le franchir. Instinctivement, ou inconsciemment, les meilleurs « franchisseurs » se visualisent-ils eux-mêmes au-delà de l'obstacle ? Je garde en mémoire le fantastique Tournoi des VI Nations 2006 de Yannick Nyanga, troisième ligne aile « de poche », environ 95 kilos à l'époque, qui échappait à tout le monde. Ballon porté haut, raffut pour s'arracher des griffes de la défense, la vitesse avec laquelle il se livrait, ou réaccélérait, faisait la différence. On aurait pu, je crois, avec des effets spéciaux, matérialiser la translation de son corps par une ligne passant au travers des défenseurs.

Chapitre 5
Une discipline dans la discipline

Il y aurait beaucoup à voir dans (et sous) une mêlée. Mais la mêlée est comme un iceberg : il y a la partie émergée, et l'immensité cachée. On pourrait presque dire que la mêlée est inaccessible à l'entendement – on n'y comprend pas toujours grand-chose quand on joue au rugby, un peu plus tout de même quand on évolue devant, mais, de l'extérieur, que tirer de cette tortue humaine dans laquelle des types faits comme des barriques poussent, arc-boutés, comme des bœufs ? Dites pourtant « je joue dans la mêlée », le profane situera immédiatement. Mal, mais il situera. Il se figurera l'amas de joueur, confondra éventuellement avec un regroupement, mais il verra. Parlez-lui de la touche, c'est déjà plus vague, du centre, du fond du terrain, il fera des yeux ronds, dites-lui ouvreur, numéro 10, suivant son âge et sa culture sportive, il associera peut-être votre rôle à celui de Platini ou de Zidane (ce qui n'est pas complètement faux). Mais la mêlée, ça, oui, il connaît. Même s'il est donc à mille lieues de pouvoir imaginer ce qui s'y produit, ce qui s'y joue. La mêlée, c'est le rugby. Autant dans le monde du rugby, d'ailleurs, qu'à son extérieur. Étonnant symbole pour un sport qui se joue à 15, et même à 22 ou 23 en comptant les remplaçants, et revendique plus que tout autre discipline sa dimension collective, alors que la mêlée ne concerne que la moitié des joueurs (un tout petit peu plus, 53 % exactement). Cette mêlée qui rassemble scinde aussi, finalement. Drôle d'emblème. Drôle d'emblème, oui, qui pourrait constituer une épreuve sportive à part entière, comme le tir à la corde, dans les jeux basques, ou de la lutte par équipe. Cet emblème est emblème et pourtant, il est loin de tout révéler du rugby. Car il est un moment à part dans le déroulement d'un match, si à part qu'il a, en réalité, peu à voir avec le jeu de rugby une fois lancé. C'est, d'une certaine manière, une discipline dans la discipline.

L'exercice de la mêlée est quasi statique. Il requiert des qualités physiques et techniques spécifiques. La mêlée s'inscrit pourtant dans un jeu dynamique, et de plus en plus dynamique avec le temps, mais elle conserve, malgré le moindre nombre de mêlées disputées par match (au plus haut niveau, en tout cas), sa place reine car elle symbolise par-dessus tout, et pour longtemps encore, je pense, l'affrontement collectif et le sentiment de domination, ou d'infériorité, qui peut en découler. Qui, en effet, peut encore croire à la victoire lorsque sa mêlée est enfoncée ? Quand les gros reculent ? Toute l'équipe se retrouve alors sur les talons – quand l'adversaire, inévitablement, se trouve, lui, dans l'avancée. Imaginez ce qui s'y joue de fierté, de confiance, parfois d'orgueil, autant de moteurs au dépassement de soi. Olivier Roumat, tracteur de l'équipe de France de 1989 à 1996, me résumait ainsi l'équation, en 2009, pour un autre ouvrage : « Une bonne mêlée ne vous fera pas automatiquement gagner tous vos matches. Mais sans une bonne mêlée, vous ne pouvez pas gagner. » *« No scrum no win »*, disent à leur manière les Anglo-Saxons (« sans mêlée, pas de victoire »). La dimension collective, physique et psychologique de ce sport, est alors à son comble. Elle se joue et se sent autant dans les têtes et dans les cuisses que dans les sensations et liens avec l'autre – qu'on perçoit dur, puissant ou en difficulté, par le simple fait d'avoir une épaule, un bras, collés à lui. Comme si des phéromones à l'effet plus ou moins galvanisant selon l'issue de la mêlée se dégageaient de cet égrégore formé par les huit joueurs – égrégore ondulatoire : voyez, lors des retransmissions télévisées, quand les mêlées sont filmées de côté, les dos s'arrondir puis s'allonger en même temps que les jambes fléchies pour pousser se déplient. La mêlée ondule. L'affrontement, là, a lieu sans collision.

Des livres entiers ont été consacrés à la mêlée (je peux citer l'excellente *Confrérie des gros*, de Jean-Christophe Collin, parue en 2011). Que puis-je ajouter, qui n'ait déjà été dit, qui ne soit pas de l'ordre du cliché ? On s'y touche, dans la mêlée, oui, beaucoup, têtes entre les hanches, mains entre les jambes non loin des parties génitales, épaules sous le pli fessier, joue contre la cuisse. La promiscuité inouïe qu'expérimentent les premières lignes rappelle celle de la lutte gréco-romaine. Un corps à corps plastique, musculeux et suant, très intense, parfois douloureux. Les deux piliers et le talonneur de chaque camp enchevêtrent leurs têtes. Ils se frottent les joues, se fatiguent les nuques, s'enfoncent les côtes. Se joue là le seul vrai duel physique du rugby auquel les joueurs concernés ne peuvent se soustraire – pour tous les autres postes, le duel avec le vis-à-vis a lieu dans le jeu courant, il n'est donc pas nécessairement frontal, peut se dérouler avec le soutien de partenaires, il peut même ne jamais se produire. Les piliers, eux, s'affrontent sous les yeux de tous, et de tout un stade (voire de millions de téléspectateurs), puisque la mêlée est une phase statique, un réengagement du ballon disputé par les deux paquets d'avants rassemblés en mêlée après que le jeu a été arrêté.

Voilà ce sur quoi je veux insister. Les piliers sont des joueurs et des joueuses aux physiques hors normes, plus ou moins grands, mais surtout épais. En moyenne, aujourd'hui, chez les hommes, au plus haut niveau, ils mesurent entre 1,80 mètre et 1,90 mètre et pèsent de 110 à 130 kilos – avec une masse graisseuse à 20 % maximum du poids total. Il faut être solide pour absorber et transmettre la poussée de ses deuxièmes et troisièmes lignes tout en résistant à celle de la mêlée adverse, huit bonshommes qui veulent juste vous enfoncer. Imaginez un instant les pressions qui s'exercent sur les nuques, les dos, les reins et les jambes (j'ai dépanné deux fois au talonnage, en junior, une pure folie, j'ai cru y laisser ma colonne vertébrale, impossible de tourner la tête, ensuite, pendant trois jours). On comprend mieux les morphologies : bustes taillés comme des blocs, cous de taureaux, jambes courtes, le plus souvent, et larges comme des poteaux. Les piliers ont un rôle, au rugby, et un rôle déterminant. Souvent, ils n'aiment pas trop causer. Et les voilà, à chaque mêlée, sous le feu des projecteurs, jugés de manière implacable. Et les voilà, dans le rugby d'aujourd'hui (celui, disons, qui se pratique depuis vingt ans), tenus, en plus, de plaquer, de courir, de gratter les ballons, autant que les autres. Je suis admiratif.

Il ne faudrait pas se méprendre. La mêlée est une épreuve de force, bien sûr, mais pas de force brute. Pour une bonne poussée collective, il y est surtout question de liaisons, de timing, d'angles, d'épaules bien positionnées sous les fesses du pilier, de bras solidement arrimés au maillot du partenaire ; aucune main, aucune tête ne doit pouvoir s'immiscer entre les dos et les épaules des uns et des autres. La mêlée est une, sinon elle explose. Ce caractère uni, cet amalgame, devrais-je peut-être écrire, on le retrouve dans d'autres phases de jeu collectives, essentiellement menées par les avants – oui, encore eux, car il faut bien l'admettre, c'est tout de même devant que s'inscrit en grande partie la caractéristique charnelle du rugby. Mais, disons-le aussi, les trois-quarts sont toujours les bienvenus pour participer à la fête et prendre un ou deux coups de casque en notre compagnie.

La phase de jeu en question, c'est le groupé pénétrant (aussi nommé « maul »). C'est une autre sorte de tortue, qui rappelle la tortue romaine (en 1991, on disait la « tortue béglaise », tant l'équipe de Bègles, championne de France cette année-là, utilisait cette arme et la maîtrisait). Le nom en dit déjà beaucoup. « Groupé qui pénètre ». Les joueurs sont unis autour du porteur de balle et cet ensemble d'hommes pliés, têtes cachées, avance, tout en protégeant le ballon (pour une fois, un partenaire peut devancer le porteur de balle sur la ligne de front), au contact de l'adversaire qui tente de le repousser et de lui subtiliser la balle. C'est une forme de mêlée dynamique. Et, comme dans la mêlée statique, les liaisons et la perception des mouvements, des forces et des poussées, sont primordiales, tout cela se jouant à l'aveugle puisqu'on a le nez dedans, la tête dans le tas, là où on a pu la glisser (la poussée est plus efficace dans cette position). Il faut alors sentir si le maul risque de tourner en fonction de la résistance adverse et, le cas échéant, changer de place pour continuer à protéger le partenaire qui tient le ballon, ou faire circuler ce dernier sans le faire tomber afin de le tenir éloigné des bras et des mains des adversaires qui s'infiltrent. Pendant tout ce temps, il faut contrôler la vitesse pour ne pas se désagréger ni tomber, pour s'assurer qu'on va dans la bonne direction. De l'extérieur, ça peut faire l'effet d'un grand désordre et, dans un sens, ça l'est : l'exercice spontané conserve un sens très primaire et foutraque. Mais il est en même temps très subtil.

Pause. Plus j'avance dans l'écriture de ce livre, plus je mesure combien ce mélange permanent de bestialité et de finesse s'affirme comme une composante fondamentale du rugby. Je ne découvre pas la pierre philosophale. Je veux juste relever à quel point ce sport réunit les opposés, y compris au sein d'un même individu. Équilibrer sa finesse et sa bestialité, jouer de l'une puis de l'autre, ou de l'une et de l'autre dans le même temps, c'est une sacrée alchimie. D'autant plus complexe qu'elle est en grande partie inconsciente ; il en va de la nature profonde de chaque être. Parenthèse refermée, retour au maul.

Ce dernier peut constituer une arme fatale quand une équipe le maîtrise, et c'était donc le cas en 1991 dans le championnat de France. Aujourd'hui, le groupé pénétrant est souvent joué proche de l'en-but adverse pour marquer des essais (après ce qu'on appelle une « pénaltouche », une pénalité bottée en touche près de la ligne d'essai pour bénéficier du lancer et, si le ballon est capté, former un maul pour marquer – le mot « pénaltouche » est inspiré de penalty, l'essai étant quasi imparable). Dans ce cas, l'effet psychologique peut être tout aussi redoutable qu'une mêlée enfoncée, l'expression de la domination physique tout aussi explicite.

Ainsi, comprend-on, il y a du bras de fer, dans le rugby. Alors, on épie. On épie l'équipe adverse quand elle arrive au stade, on épie l'équipe adverse qui s'échauffe, de l'autre côté du terrain (maintenant les pros s'épient grâce à des montages vidéo, ils analysent le jeu de leur futur adversaire avant de le rencontrer), on cherche le numéro de son vis-à-vis, dans son dos : a-t-il l'air costaud, très costaud, largeurs d'épaule et tours de cuisse passés au crible, ont-ils l'air, tous, ces futurs adversaires, plus forts que nous ? On anticipe, on projette, on se fait peur, parfois. C'est idiot, j'ai passé le chapitre précédent sur le plaquage à affirmer que le rapport de force ne se résumait pas à un rapport de gabarits. Mais c'est inévitable. On va mettre son corps en première ligne – mine de rien, on s'expose. Et certains, donc, plus que d'autres.

Chapitre 6
La caisse à outils

Imaginez l'éducation qu'il faut pour accepter de se faire défoncer les côtes par un coup d'épaule sous prétexte que le règlement le permet, et celle qu'il faut, dans la situation inverse, pour ne pas appuyer le même coup d'épaule au-delà du raisonnable dans le but de faire craquer la cage thoracique du bonhomme d'en face, surtout si lors du regroupement précédent il vous a tiré les moustaches. La violence et l'agressivité contenues dans toutes les phases de contact placent les joueurs de rugby sur le fil du rasoir. Or la tempérance, surtout en plein effort, a rarement été le propre des rugbymen.

De tout temps, l'agressivité, qui sert à marquer l'adversaire, à l'intimider, l'affaiblir, à le rendre inopérant, a été utilisée, en France notamment, au-delà de la limite. Les coups d'épaule sont vite devenus des coups de poing, des coups de casque (comme on nomme les coups de tête) et des fourchettes (quand on enfonce les doigts dans les yeux). Et tous ces faits de violence ont été rapportés avec fierté, le plus souvent, comme des faits de gloire, comme si se jouait dans ce défoulement primaire une affirmation supplémentaire de la virilité – qui serait alors jaugée non plus au nombre d'arrêts buffet administrés au cours d'une carrière, mais au nombre de coups de poing et de coups de tête donnés, de doigts tordus, de nez collés sur la joue.

C'en est devenu un trait culturel du rugby français, très tôt, dès les années 1920 (je ne me hasarderais pas à l'expliquer par la diffusion du rugby, en France, dans les couches populaires, ce que les Britanniques, tenants de l'étiquette, eux, ont osé en ce temps-là), et cela l'est resté à tous les étages et à toutes les époques – sauf au plus haut niveau, où, depuis les années 2000, le recours à l'arbitrage vidéo et l'extrême sévérité des sanctions ont calmé les ardeurs (ajoutons que le jeu s'est accéléré, ce qui ne laisse plus de temps pour s'échanger des baffes). C'est un peu comme si, en boxe, il avait été de bon ton, depuis toujours, de taper sous la ceinture et de s'en enorgueillir une fois le combat terminé. Cela paraîtrait étrange. Écoutez les anciens, pourtant. Pas ceux qui ont évolué au plus haut niveau, encore que, parfois. Mais les autres, surtout, les avants en particulier. Que racontent-ils à part les mauvais coups ? Les coups de pied à joueur au sol, les coups de genou dans les reins et dans les côtes, les coups de crampons un peu partout, les marrons, les fourchettes avec les doigts pleins de Dolpic (une pommade ultra-chauffante) : tu sais, petit, il « en » fallait pour entrer sur un terrain. S'agit-il de rugby ou de combat de rue, on s'y perd. Il « en » fallait, oui, très certainement, surtout pour jouer devant. Étrange crânerie, néanmoins. Les types qui vont au front, au vrai je veux dire, on ne les entend pas.

Cette violence, qui a valu à la France son exclusion du Tournoi des V Nations et du concert international anglo-saxon dans les années 1930 (les Britanniques reprochaient aux Français l'agressivité de leur championnat, le chauvinisme déchaîné de leurs supporters et le non-respect des règles de l'amateurisme), et lui en a fait craindre une seconde dans les années 1950, qui a entraîné l'éviction du rugby des Jeux Olympiques après l'édition de 1924 à Paris (un pugilat avait eu lieu lors de la finale qui opposait la France à l'équipe des États-Unis, constituée en grande partie de joueurs de football américain), cette violence, donc, suscite tant de fantasmes dans le microcosme rugbystique, c'est fou. Cela m'est assez incompréhensible, je l'avoue. Je dois avoir un problème avec cette violence-là, assez féroce et rarement frontale, une inadéquation de nature, j'imagine. Elle nourrit d'autant plus l'imaginaire que de grands exploits du XV de France n'auraient probablement pas été accomplis sans son usage. Le pack du Grand Chelem 1977 était surnommé la « Horde sauvage ». En 1986, les All Blacks s'étaient plaints d'une violence extrême de la part des Français, lors du match de Nantes : l'un d'eux, Wayne Shelford, l'homme qui a donné au haka, devenu si célèbre aujourd'hui, sa portée énergisante, piétiné par les avants français, souffrait d'un testicule éventré. En 1999, la demi-finale de Coupe du monde gagnée contre ces mêmes Néo-Zélandais l'a été en partie grâce à la mise hors d'état de nuire dans les regroupements de certains joueurs all blacks, les yeux et le front étonnamment rouges. Il y a aussi, dans l'imagerie du rugby, le couloir du stade Mayol, où les Toulonnais, jusqu'au début des années 1990, tendaient des embuscades à leurs adversaires avant même que les deux équipes soient entrées sur le terrain, pour assurer leur ascendant psychologique.

On trouve, sur Internet, des vidéos d'affrontements entre certaines équipes de championnat, Toulon et Bègles par exemple, en 1991, d'une rare sauvagerie, devenus légendaires. On aime à raconter, dans les club-houses, que telle équipe, à telle époque, tapait ses coups d'envoi directement en touche pour que soit jouée une mêlée au centre du terrain, mêlée alors relevée (la deuxième ligne allume la première ligne adverse qui ne peut se défendre car les bras sont pris) pour déclencher une bagarre générale et marquer le territoire. Tel joueur, souvenez-vous, savait vous éteindre, au détour d'un regroupement, les ardeurs de tel autre un peu trop dominateur en touche. Etc. C'est inépuisable. Voilà qui, transmis de génération en génération, forge une culture et valide des croyances.

Lorsque j'ai commencé à jouer au rugby en club, en junior, dans les années 1990 en région parisienne, les bagarres générales n'étaient pas rares; elles se propageaient même, parfois, dans les tribunes. Les échanges de coups de poing, toujours dans le dos de l'arbitre, entre deux ou trois joueurs, étaient monnaie courante au cours d'un match. Et il fallait y aller, hein, ne pas mollir, s'affirmer, se faire respecter autant par l'adversaire que dans sa propre équipe. J'ai compris plus tard que, comparé à ce qui se passait dans d'autres régions de France, le Sud-Est notamment, c'était du pipi de chat. Néanmoins, c'était déjà l'expérimentation d'une sorte de passage obligé, un rite qui soude tout autant qu'une troisième mi-temps. La source de motivation pour éveiller le goût du combat avant un match est toute trouvée. Dans le vestiaire, entre l'échauffement et le début du match, l'entraîneur, suant comme ses joueurs, au milieu d'eux, le regard enragé et la gifle facile pour agacer les somnolents, en appelle à la solidarité : les gars, on répond à huit (les avants), à 15 s'il le faut, hors de question de laisser un copain tout seul, il faut montrer qu'on est uni – autre mythologie du rugby. Les sanguins partent au quart de tour. Les placides, et il y en a plus qu'on ne croit, font mine de mordre. Et c'est comme ça, souvent, qu'à partir d'un accrochage bénin démarre une générale. Tant pis pour le spectacle. Tant pis pour les mauvais coups – parce que, malheureusement, il y en a. On aura de quoi palabrer dans le car du retour puis au bar, conter les exploits, enjoliver la réalité, dieu qu'on a été gaillard. À la vérité, c'est un peu triste. Mais c'est vrai, oui, qu'il faut protéger le petit jeune bourré de talent que les vieux briscards d'en face vont chercher à serrer dans un regroupement pour lui passer l'envie de continuer à enquiller les pénalités. C'est vrai qu'il faut protéger le copain agressé. C'est vrai que si l'arbitre ne tient pas son match, il faut faire la police soi-même. Tout cela est vrai. Mais je le redis, à mon goût, c'est triste. Le rugby est si riche par ailleurs. Alors il pourra toujours être dit que j'avais peur de cet affrontement-là. Possible. Que je n'ai rien compris à cette facette du rugby. Peut-être, en effet, suis-je passé à côté de quelque chose. J'en doute.

Je comprends juste combien tout cela, au fond, nous parle non pas de virilité mais de sang-froid. De respect de soi et d'orgueil et, sans jugement, de là où chacun place, avec plus ou moins de conscience, son propre curseur. Considérer que l'on se respecte plus en répondant qu'en ne répondant pas aux agressions, ou inversement, relève de la culture personnelle et, à l'origine, n'a rien à voir avec le rugby. Dans les années 1980-1990, les Anglais étaient les meilleurs pour faire dégoupiller les Français. Les provocations verbales ou physiques de Moore, Chilcott, Skinner et consorts, rarement sanctionnées par un arbitrage orienté par un siècle d'aprioris (mais pas seulement, on l'a compris) faisaient partir coups de poing, coups de tête et coups de crampons côté tricolore pour le grand bonheur des buteurs anglais. Celui qui, le premier, tape, que met-il en jeu ? Mis à part qu'il peut baigner dans un microcosme glorifiant de tels gestes, que se prouve-t-il, personnellement, en assénant ces mauvais coups alors que sa cible, le plus souvent, est sans défense, joueur au sol, pris dans un regroupement, de dos, et qu'elle rendra le coup, quelques actions plus tard, voire au match retour, dans des conditions semblables ? Il est curieux, d'ailleurs, cet affrontement en plusieurs temps. De grands joueurs ont accompli d'immenses carrières sans mettre un gnon. Ont-ils pu s'en passer parce que leurs équipiers le faisaient à leur place ? L'argument serait de mauvaise foi. Je revois Philippe Sella, au printemps 1996, dans le stade Jean-Bouin à Paris, lors du tour qualificatif du championnat de France : Agen contre Dijon, je crois. Une bagarre générale éclate après une touche. Tout le monde s'y rue. Des moulinets, des empoignades, des coups de sifflet désespérés, et le public qui braille. Mon regard se détourne soudain de la meute et je l'aperçois, lui, alors recordman mondial des sélections (111) et capitaine du SUA, à une quinzaine de mètres, bras ballants, incrédule dans son maillot blanc. Qui oserait dire que Sella avait peur de s'engager ? Le rugby professionnel (qui a d'autres tares) fait la démonstration permanente, aujourd'hui, de l'inutilité de cette violence – il existe bien d'autres moyens de marquer l'adversaire – et nous prouve ainsi que, quoi qu'on ait voulu nous faire croire, elle n'est pas intrinsèque au rugby. Il n'y a guère qu'en France, d'ailleurs, où elle s'est instituée à ce point. Bon, on s'attrape toujours par le col quand la tension monte, de temps à autre une gifle part, qui donne lieu à un carton puis, souvent, à une suspension. Et on en reste là. Chez les pros. Car aux étages inférieurs, on distribue toujours des marmites.

Les acteurs du rugby (de haut niveau) que j'ai pu interroger sur les effets du professionnalisme sont unanimes. Ils citent tous la disparition de la violence comme l'une des premières conséquences, positives, évidemment, de la professionnalisation. Comme si, jusque-là, cette violence avait été subie et imposée. Une composante du rugby, au même titre que la forme ovale du ballon ou le nombre de joueurs sur le terrain.

Au printemps 2000, je débutais dans le journalisme. Pour l'un des premiers sites Internet d'information sportive, j'avais pris l'habitude d'interroger un joueur ou un entraîneur sur la journée de championnat à venir. Un jour, j'ai Olivier Brouzet au téléphone, deuxième ligne international de 1994 à 2003, parfois numéro 8, alors joueur de Bègles-Bordeaux. La conversation avance jusqu'au moment où il me dit, parlant de la possibilité que son match soit tendu :

« Il faudra peut-être sortir la caisse à outils.

— La caisse à outils ? lui demandé-je.

— Oui, la caisse à outils. La boîte de marrons, la boîte à gifles. »

Et il se marre. C'était culturel, donc. Au plus haut niveau, ça ne l'est plus.

Chapitre 7

Ils ne font pas le même sport

La Fédération internationale de rugby (World Rugby) attribue chaque automne depuis 2001 le titre du meilleur joueur de l'année. Beauden Barrett, l'ouvreur néo-zélandais, bon pied, bon œil et bonnes mains, rapide comme l'éclair, a été récompensé en 2016 et 2017, naturellement parce qu'il crevait l'écran. Rien à redire. La remise de ce prix n'a d'ailleurs jamais suscité la moindre polémique. Sur la saison concernée, le joueur choisi (l'Irlandais Jonathan Sexton en 2018) ou les cinq joueurs en compétition ont dominé leur sujet, c'est une évidence, ils sont incontestables. Ce qui pourrait l'être, en revanche, c'est l'attribution d'une récompense personnelle dans un sport aussi collectif que le rugby qui a toujours, au moins en façade, répugné à célébrer l'individu. Mais il est un fait indéniable que, de tout temps, certains ont brillé plus que d'autres – sur le terrain et/ou dans l'œil des observateurs, avec ce que cela implique de subjectivité –, amorçant ou magnifiant l'œuvre collective. Ce qu'interroge ce titre, en creux, c'est ce qui fait la force d'un joueur. Que doit-il avoir prouvé pour mériter d'être nommé, puis éventuellement élu ? Pour être considéré comme un *grand* joueur ? Sa force, son endurance, sa vitesse, son sens du jeu, son âme de leader, son abnégation, ses passes ou ses plaquages, ses prouesses techniques, physiques, ses exploits individuels, ou son rôle dans le collectif ? Quand, en 2011, le titre est décerné au capitaine français Thierry Dusautoir, défenseur et combattant infatigable, récent finaliste de la Coupe du monde, on se doute qu'il ne l'est pas pour les mêmes raisons objectives que lorsque Barrett ou, avant lui, son illustre prédécesseur au même poste chez les All Blacks, Dan Carter, sont récompensés. Par raisons objectives, j'entends faits de jeu. Depuis que ce titre existe, il a été remis à presque parité entre avants (8) et arrières (10), ce qui tendrait à prouver que les performances des uns et des autres, bien que très diverses, sont considérées d'égale valeur. Mais un seul joueur de première ligne l'a obtenu, le talonneur irlandais Keith Wood, en 2001 (donc aucun pilier), un seul seconde ligne, le Néo-Zélandais Brodie

Retallick, en 2014, un seul demi de mêlée, le Français Fabien Galthié, en 2002, et aucun trois-quarts centre. Pourtant, et même s'il faut reconnaître que la période a consacré deux joueurs de légende à trois reprises chacun (les All Blacks Richie McCaw, flanker, 148 sélections dont 111 comme capitaine, double record mondial, et Daniel Carter, demi d'ouverture, 112 sélections et record mondial de points marqués, 1 598, tous deux doubles champions du monde), le rugby international n'a pas manqué de talents à tous les postes. Mais comment comparer les talents, quand ils se révèlent de manière aussi variée d'un poste à l'autre ? Il n'existe pas, en rugby à XV, un type quasi uniforme de joueur comme il en existe au football, par exemple, où, mis à part le gardien (qui, encore, diffère physiquement peu des autres), tous les joueurs, à peu de chose près, se ressemblent. Je me souviens d'Olivier Milloud, pilier gauche de Bourgoin-Jallieu, incontournable en équipe de France de 2003 à 2007 : 1,85 mètre, 105 ou 110 kilos, un bloc en mêlée, un bélier dans les regroupements et au plaquage, dur partout comme un tronc de chêne. Milloud se fichait pas mal de porter le ballon, il me l'avait confié en interview. Lui, ce qui lui plaisait, c'était le combat et rien que le combat, et il l'assumait avec un certain talent, un talent en tout cas radicalement opposé à celui que pouvaient manifester certains de ses partenaires de l'époque comme Julien Bonnaire, Raphaël Ibanez, Imanol Harinordoquy, Frédéric Michalak ou Christophe Dominici, tous manieurs de ballon, qu'ils jouent devant ou derrière.

Le rugby à XV est probablement le sport collectif qui impose les fonctions – physiques et techniques – les plus différenciées (avec son lointain cousin, le football américain). Il offre ainsi un espace d'expression à tous les gabarits, ou presque, c'est l'image d'Épinal, à laquelle j'ajoute à toutes les personnalités et, donc, à toutes les formes de talent. C'est peu dire que ce sport réunit les extrêmes. Sous le même maillot du XV de France, un exemple plus que parlant, en 2015, le demi de mêlée Morgan Parra, 1,80 mètre et 81 kilos, côtoie le pilier d'origine néo-zélandaise Uini Atonio, 1,96 mètre et 152 kilos. Ces gouffres ont toujours existé ; celui-là est abyssal. À la simple lecture des chiffres, on se doute que les aptitudes de l'un ont peu à voir avec celles de l'autre. Le rugby met en collaboration des individus aux qualités antithétiques et leur impose une marche en commun sans laquelle aucune équipe ne peut espérer fonctionner. Que 15 bonshommes aussi différents parviennent à s'associer dans un même mouvement vers l'avant est une forme de miracle. Il en a été tiré des théories sur les vertus socialisantes et intégratives du rugby, sur les passerelles qu'il entretient avec le monde du travail et la répartition des tâches, par exemple. Elles sont toutes justifiées. Le rugby est un sport éminemment multiple. Il est, de ce fait, un vecteur d'apprentissage évident pour ses pratiquants, et ce n'est pas qu'une légende.

Cette multiplicité, je l'ai vécue. Pour le besoin de cet ouvrage, je la scrute et elle m'interroge. Qu'en ai-je personnellement retiré ? Elle fut avant tout l'expérience d'un sentiment de respect sans limite. Mon rôle de troisième ligne aile à petit gabarit mais grand rayon d'action m'entraînait, en attaque, au soutien le plus prompt possible de mes partenaires des lignes arrière. Je me souviens d'un ailier, et surtout de mes pensées. Il volait (oui, cette saison-là, il volait), là-bas, à quinze puis vingt puis trente mètres, passant les défenseurs les uns après les autres et moi, dans ma tête, tout en gérant mon effort, ou plutôt en ne le gérant pas pour être le moins distancé, je me disais des « ouais ! », des « oh ! », des « incroyable ! », commentateur malgré moi de ce qui se produisait un peu plus loin, avant d'intervenir. Sylvain D. (il se reconnaîtra) courait vite cette saison-là ; il accomplissait des gestes et des actions que j'étais incapable de réaliser. Je l'ai admiré. Cela semblait si facile, pour lui, d'accélérer, de déborder. J'ai admiré avec autant d'estime la rudesse que mettaient au combat certains de mes deuxièmes lignes, tout autant que j'ai admiré les prises d'intervalle « pleine balle » de mes centres, les relances les plus folles de mon arrière ou son sang-froid sous les ballons hauts, les passes sautées de mon ouvreur, les poussées en mêlée de mes piliers, les charges de mon numéro 8… Je m'arrête là, je ne peux tout citer. Voilà ce que j'ai vécu. L'admiration et le respect pour tout ce que mon corps et mon esprit étaient incapables d'accomplir avec autant de brio et de savoir-faire que ce pourquoi d'autres corps et d'autres esprits semblaient faits. J'allie volontairement les deux, le corps et l'esprit, parce qu'il y en a bien un qui commande à l'autre (ou l'inhibe), et l'autre qui répond ou non au premier et, lorsque les deux, en osmose, s'accordent, la vie du sportif est la plus belle. Celle du rugbyman, qui ose lancer son corps sans retenue ni arrière-pensée, est alors accomplie.

Sur un terrain de rugby, tous, avec nos formes différentes et nos qualités parfois opposées, nous avons nos spécialités, et chacune d'elles s'appuie sur un savoir-faire précis qui peut permettre l'expression d'un talent. La définition première du talent, dans le *Larousse*, le présente comme une « aptitude particulière à faire quelque chose ». Je la fais mienne et prends l'exemple de la touche. Chaque acte participant à la captation du ballon requiert un savoir-faire technique – précision, coordination, déplacement, timing, force, perception : lancer le ballon, lever le sauteur qui, lui, doit donner l'impulsion au bon moment, tenir le sauteur en l'air, se saisir du ballon sans perdre l'équilibre et si possible à deux mains, redescendre et redescendre la balle en la contrôlant, accompagner la descente du sauteur quand on l'a levé, puis former, si c'est ce qui a été programmé, un groupé pénétrant en se positionnant chacun à la bonne place, dans la bonne position de poussée, sans mettre le ballon en danger ni le faire tomber ou, si la balle est jouée directement, l'adresser avec précision au demi de mêlée ou à un autre joueur qui a son tour doit s'en saisir, l'utiliser, etc. Tout cela, bien évidemment, sous la pression de l'adversaire qui perturbe cette belle synchronisation en bousculant les soutiens, en disputant le ballon en l'air, en poussant à la retombée. C'est déjà une belle œuvre d'art. A minima, cette captation du ballon implique quatre joueurs : un lanceur et un bloc saut (soit un sauteur et deux soutiens, appelés *lifters*, c'est un anglicisme), qui doivent être coordonnés pour que les mains du sauteur croisent la trajectoire du ballon au bon moment et au bon endroit. C'est une vraie mécanique de précision, qui se complique lorsque les huit joueurs de l'alignement sont impliqués pour produire de faux appels et du mouvement afin de perturber l'adversaire, plusieurs sauts en même temps pour offrir plusieurs options au lanceur en fonction du placement des sauteurs adverses, etc. Les qualités requises pour sauter et se saisir du ballon ne sont pas les mêmes que celles nécessaires au *lift*. Ce ne sont en tout cas pas les mêmes qui sont mises en jeu par tous les joueurs au moment de l'action dite ; elles sont dictées par le rôle que chacun tient au cours de cette action-là. Mais, et c'est toute la grandeur du rugby, les rôles peuvent être échangés d'une touche à l'autre – on verra pourquoi dans le chapitre suivant. Je suis sauteur mais, sur certaines combinaisons, me voilà *lifter*. En défense, c'est encore plus compliqué. Sauteur, je suis concentré sur le lanceur adverse pour anticiper son lancer et analyser au plus vite la trajectoire de celui-ci tout en étant concentré aussi sur le bloc saut que j'ai en vis-à-vis pour voir s'il va avancer, reculer, rester sur place ou carrément s'en aller et être remplacé par un autre. Mes deux soutiens ont le nez à hauteur de mon bassin, jambes fléchies, les mains devant mes cuisses qu'ils saisiront pour me lever, ils me suivent en regardant mes pieds. Je peux faire bouger mon soutien avant en le poussant ou en le tirant par les épaules avec mes mains, mais celui qui est derrière moi doit se débrouiller seul et, souvent, le pauvre, il prend mes crampons sur ses orteils, on se percute. Je suis parti en arrière, je repars en avant, hop, je dis « saut », j'impulse, je saute, ils me saisissent et me propulsent dans les airs, jambes dépliées, dos droit et bras tendus, puis m'y maintiennent. Là-haut, j'oublie que je suis à plusieurs mètres au-dessus du sol, je suis tenu, quasi assis sur les deux mains de mon soutien arrière et, de cette position, juste avec mon buste et mes bras, je vais disputer le ballon. Je me penche vers le camp adverse, une confiance aveugle en mes soutiens (pas le choix) : s'ils me lâchent, c'est la gaufre assurée. Je suis juste devant mon vis-à-vis et son lanceur ne m'a pas assez lobé, je tends mon bras, ma main, mes doigts, j'agrippe le ballon, ma deuxième main arrive pour le sécuriser et, immédiatement, mes bras filent dans mon camp en même temps que je me tourne pour éloigner le ballon du danger. Je suis toujours en l'air et c'est la redescente, ballon volé ; la prise de rêve. Dans ces conditions de grande improvisation et d'une exigence technique et physique élevée, mais, j'insiste, tout sauf robotique, il faut une sacrée complicité entre les membres du bloc saut pour réussir l'action engagée. Chaparder un ballon devient alors une œuvre collective extrêmement jouissive. Et, encore une fois, les rôles peuvent être interchangés pour peu que chaque joueur ait les capacités de sauter. Le mouvement émerge de la terre, sur laquelle le sauteur prend son impulsion, sur laquelle les soutiens s'ancrent et poussent, comme si leur force était d'abord envoyée dans le sol pour remonter ensuite, démultipliée. Puis, tout s'allège soudain dans les airs où les bras, avant de convoiter le ballon, servent d'ailes, brassant, parfois, pour trouver l'équilibre. L'espace de quelques secondes, des carcasses de plus de 100 kilos (pas la mienne) sont sur le point de voler.

J'aurais pu, de la même manière, décrire une combinaison des lignes arrières. Dans ce cas, les placements comptent, de même que les distances entre le demi d'ouverture, les centres, les ailiers et l'arrière, les angles de course, le timing de démarrage et le timing de passe, les multiples appels pour offrir plusieurs options au demi d'ouverture (on dit aussi des « portes de sortie »), la précision de la passe à pleine vitesse, etc.

Tous ces paramètres sont millimétrés. Voilà qui donne à voir à ceux qui n'avaient qu'une connaissance limitée du rugby, et donc peut-être un a priori, un aspect plus cérébral, moins bestial, de ce sport. Voilà surtout qui montre tout ce que chaque joueur, à son poste ou dans tel rôle, doit maîtriser. C'est assez colossal.

C'est la raison pour laquelle, une fois dedans, dans ce rugby-là, on sait qu'il ne devrait pas exister de hiérarchie ni même de comparaison entre le talent du pilier, qui domine ses vis-à-vis en mêlée, et, pour prendre une fois encore les extrêmes, celui de l'ailier, qui crochète et qui marque. Ils ont besoin l'un de l'autre, sont l'expression, je le disais plus haut, d'aptitudes antithétiques. Parfois, s'amuse-t-on même à dire, ils ne pratiquent pas le même sport. Et ce n'est pas totalement faux. Sauf que. Sauf que, oui, le rugby à XV, au contraire du football américain et du rugby à XIII, se joue sur plusieurs temps (on dit des « temps de jeu »). L'action peut rebondir, certaines durent plusieurs minutes et couvrent le terrain de long en large. Au cours de ces actions, les rôles peuvent s'intervertir en fonction des aléas, du replacement des uns et des autres et des rebonds du ballon. Dans ces situations-là, la capacité à suppléer le partenaire est primordiale. Il n'est pas rare de voir une ligne d'attaque formée d'avants quand les arrières ont tous le nez dans un regroupement. Pour schématiser, le gros doit alors savoir jouer comme un trois-quarts et la gazelle déblayer comme un avant. Là s'expérimente ce que l'autre vit. Ce sont de nouvelles sensations, de nouvelles perceptions, des exigences physiques et techniques moins habituelles qu'il faut assumer, un partage indirect et, de fait, la naissance d'un profond respect pour le partenaire qui assume habituellement ces tâches, respect souvent intensifié par l'expérience alors vécue de ses propres limites. Les espaces deviennent plus vastes quand, comme moi, on se retrouve dans la ligne alors qu'on est habitué à la densité du trafic autour des regroupements ou dans la zone du 10 (l'ouvreur). Cela donne l'impression, soudain, de respirer ; on s'aère comme on sortirait la tête d'un bain de boue, dingue, on a le temps de penser, de voir large, là-bas ça bataille et ici, on entendrait presque le chant des oiseaux. Le temps est autre, plus lent, légèrement suspendu, les distances plus grandes, comme les intervalles, on aura peut-être un temps de réflexion avant d'agir mais il faudra, d'un coup, changer de rythme, casser la torpeur par une accélération vive ou ne pas subir celle de l'adversaire et là, pour peu que je sois face à un vrai trois-quarts, niveau appuis, démarrage et déclenchement de la passe, on ne joue pas dans la même catégorie. Je le sais, à moi d'anticiper.

Au jeu de la suppléance, la Nouvelle-Zélande aligne les joueurs les plus complets. Ses avants, irréprochables dans le combat, sont des phénomènes capables de jouer certaines actions avec la justesse de leurs compères des lignes arrière. Ils passent, court ou long selon les circonstances, travaillent leur défenseur, accélèrent dans l'intervalle, parfois poursuivent au pied. Je parle volontairement des avants car le principe de suppléance, qui intervient dans le jeu courant, les concerne avant tout. Le rugby d'aujourd'hui, c'est entré dans les mœurs, impose à tous les joueurs, qu'ils évoluent devant ou derrière, de savoir déblayer et disputer un ballon au sol (on dit « gratter le ballon »). En revanche, les phases vraiment réservées aux avants étant justement jouées pour relancer le jeu (la mêlée et la touche, les phases statiques), c'est-à-dire quand les deux équipes partent arrêtées et positionnées, il n'arrive presque jamais qu'un trois-quarts ait à intervenir au milieu des gros, donc à reproduire leur savoir-faire. À l'inverse, après plusieurs temps de jeu, un gros, parfois, c'est vrai, bouffe la feuille, comme on dit, en manquant une passe apparemment immanquable sous le regard de tout un stade affligé, ou « dégueule » le ballon, crevé qu'il est par tous les travaux de force exécuté par ailleurs. Il est donc d'autant plus admirable, ce gros, quand il réussit sa passe ou sa prise de balle.

J'ai une fascination pour les gros. Je ne crois pas qu'elle tienne au fait que, gros, je ne l'étais pas, et que pourtant j'évoluais parmi eux. Je suis loin d'être un cas unique. Mais je mesure leurs talents – au pluriel, oui. Car ce qu'on leur demande aujourd'hui sur un terrain est fou. Surtout aux joueurs du « cinq de devant », c'est-à-dire les deux piliers, le talonneur et les deux deuxièmes lignes. Jusque dans les années 1990, ces cinq joueurs étaient cantonnés aux tâches obscures, pour l'essentiel au gain de la balle lors des phases statiques et des regroupements. Les règles étaient moins strictes, moins précises, c'était un peu la foire d'empoigne, il fallait souquer ferme pour extraire les ballons qu'on donnait ensuite aux autres qui, eux, avaient le bonheur de s'en servir. Les gros se déplaçaient peu, ce qui, contrairement à aujourd'hui, laissait de grands espaces libres, et intervenaient rarement dans le jeu courant. Ils étaient l'archétype du rugbyman. Larges pognes, encolure de taureau, épaules de déménageur, appétit d'ogre, arcades tombantes, nez de traviole et, pour pas mal d'entre eux, ceinture abdominale, disons, légèrement rebondie. Le professionnalisme a transformé ces forces brutes de la nature en athlètes. Imaginez la métamorphose (je me souviens d'avoir croisé dans les couloirs de la Ligue nationale de rugby (LNR), au début des années 2000, Michel Palmié, deuxième ligne du Grand Chelem 1977 et du « grand Béziers », un homme et demi, vraiment, et m'être dit, qu'entraîné comme aujourd'hui, il aurait été un bulldozer). Soudain, des types de 110, 120 kilos et plus encore, certains dépassant le double mètre, cavalent tout autant que les autres. Ils plaquent pareil. Ils ont toujours la même carcasse, mais ils la déplacent, la meuvent comme les autres petits, là, paf, changement d'appuis, et vas-y que je parcours le terrain en long en large et en travers, jamais fatigué, à pousser, pousser encore, à sauter ou lever et, si on me le demande, à percuter balle en main ou à donner, à me précipiter au soutien. « Le rugby se jouait à 10 une fois le jeu lancé, maintenant il se joue à 15 », me disait, en 2012, Pierre Berbizier, joueur puis capitaine, puis entraîneur du XV de France de 1981 à 1995, pour illustrer l'un des principaux effets de la professionnalisation du rugby. Et donc, ce sont les plus gros, a priori les moins mobiles, les moins lestes, qui ont assumé la plus grande part de l'évolution. Chapeau. Chapeau, oui, parce que, toute force de la nature qu'on soit, il faut les trimbaler, ces kilos.

En 2006, j'ai vu dans les dunes de Liverpool la peine de ces colosses. Pour mon journal, je suivais une semaine de présaison dans le club de Sale, conduit alors par Philippe Saint-André, fraîchement sacré Champion d'Angleterre. Je suivais, je veux dire j'effectuais : 13 entraînements en cinq jours. Je voulais voir à quel régime étaient soumis les pros. J'ai vu. J'ai vu, donc, les colosses souffrir à monter et descendre des dunes de sable, chaque pas étant une épreuve quand, pour moi, avec mes 80 petits kilos, c'était une balade. Je pouvais faire le malin sur les bords de la mer d'Irlande et ses eaux sombres, seulement moi, sur un terrain, face à ces joueurs, j'aurais volé en éclats. On m'aurait retrouvé éparpillé. À mon poste, il m'aurait bien fallu 15 à 20 kilos de plus. Comment les aurais-je montées, les dunes de trois, cinq puis huit mètres de haut, avec ce poids supplémentaire ? Il y avait des pointures, là-bas, dans la banlieue de Manchester. Sébastien Chabal, Sébastien Bruno, Lionel Faure, Jason Robinson, Charlie Hodgson, Mark Cueto, Richard Wigglesworth, Andrew Sheridan (qui faisait trembler tout le centre d'entraînement pendant ses séances d'haltérophilie, au premier étage). Un matin, vers 7 heures, j'ai vu autre chose. C'était un exercice de puissance aérobie – donner le maximum sur un peu plus d'une minute. Si tôt, il fallait avoir le cœur, l'estomac et les poumons bien accrochés, c'était en plus la semaine la plus chaude de l'histoire de l'Angleterre, une vraie canicule, il était difficile de récupérer la nuit. L'exercice consistait à enchaîner des sprints courts, environ quatre, dans des directions différentes, entrecoupés de passages par le sol, de pompes ou de percussions sur bouclier en mousse avant de finir par un cent mètres. Dans mes souvenirs, ça durait une grosse minute et il fallait le faire cinq fois. On finissait le dernier sprint les jambes saturées d'acide lactique, poumons en feu, le palpitant à dix mille. Les gros, cette fois, envoyaient du gaz, ça ne rigolait pas. Personne n'en gardait sous la pédale. Possible que Lionel Faure, pilier à qui je rendais 40 kilos, m'ait mis à l'amende ce jour-là. Et c'est ce que je veux souligner. Les aptitudes physiques hors du commun de ces types, avec de tels gabarits.

Forcément, une telle émancipation a perturbé l'ordre social. L'organisation ancestrale selon laquelle, schématiquement, des avants forts comme des ours et peu bavards gagnaient le ballon pour le confier à des arrières pétulants et fantasques qui l'utilisaient, a pris du plomb dans l'aile. Un peu. Le principe, tout de même, perdure. Il y a juste que les avants, à force de travail, se sont offert le droit de participer au jeu. Ceci à la condition, bien sûr, de remplir son devoir de sapeur avant tout. Un avant a beau courir comme une gazelle, savoir danser avec le ballon, faire des tours de passe-passe, s'il ne met pas le nez, comme on dit, il ne vaut rien, et a priori, mettre le nez, il aime. Tout émancipés qu'ils sont, les gros restent donc les soutiers aux ordres de la charnière, le 9 et le 10, qui gèrent le jeu. Daniel Carter me disait en juillet 2007 : « Je dois être le général. » C'est lui, en effet, le demi d'ouverture, qui met en action toute l'équipe, lui qui, en plus de maîtriser peut-être la palette technique la plus large, doit lire le jeu, connaître les forces et les faiblesses de ses partenaires pour poser la stratégie. Construire une équipe, pour l'entraîneur, c'est donc réaliser un savant mélange de toutes les aptitudes évoquées ici pour, dans un premier temps, assurer les bases du jeu et créer un certain équilibre, puis pour les mettre au service d'un projet de jeu, d'une ambition.

CHAPITRE 8
Jouez-le ! D'accord, mais comment ?

Qu'est-ce que jouer au rugby ? Est-ce simplement « faire » du rugby, c'est-à-dire le pratiquer, ou le terme comporte-t-il une autre signification, plus fine ? Et dans ce cas, quitte à finasser, j'aurais pu écrire « qu'est-ce que jouer, au rugby ? », la virgule et sa place prenant alors toute leur importance. Jouer, comme s'il était possible de ne pas jouer. On dit d'ailleurs qu'une équipe produit du jeu, ce qui sous-entend que telle autre peut ne pas en produire. On peut donc jouer sans jouer. Et c'est vrai. Pourtant, contrairement au handball, la faute pour refus de jeu (jeu passif) n'existe pas, ou pas de manière évidente. Il n'y a qu'une sommation de l'arbitre disant « jouez le ballon » ou « jouez-le », instituée en 2012, quand il juge qu'une équipe tarde à utiliser ce dernier une fois gagné dans un regroupement. Les joueurs ont alors cinq secondes pour en faire quelque chose, sinon ils sont pénalisés. C'est long, cinq secondes. Ils ne sont quasiment jamais sanctionnés. Ce type d'action intervient à un moment du match, souvent, au cours duquel une équipe joue à « cache-ballon » – joue : s'amuse-t-elle de son adversaire ? –, en multipliant les regroupements sans la moindre prise de risque. En fin de partie, par exemple, pour assurer une courte victoire. Les joueurs font des petits tas, parfois même reculent, juste pour gagner du temps dans le but de ne pas s'exposer. S'exposer, voilà, on a la clé. La clé de quoi ? La clé de tout le débat. Jouer ou ne pas jouer. Prendre des risques ou ne pas en prendre. « Le jeu, disait Pierre Villepreux, grand défenseur du rugby de mouvement qu'il développa à Toulouse dans les années 1980, appelle les fautes. » Oui, mais quel jeu ? C'est un peu la fable de la cigale et de la fourmi : certains engrangent, les autres gaspilleraient.

J'ai grandi à une époque où le débat faisait rage. Dans la presse, j'imagine. Chez moi, la position était tranchée. C'étaient les années Jacques Fouroux, celles du projet, soudain, au milieu de la décennie 1980, de ce petit sélectionneur (1,63 mètre), capitaine vainqueur du Grand Chelem 1977, qui rêvait d'un « rugby Rambo », Didier Codorniou, pourtant surnommé le Petit Prince, alors laissé sur le carreau à seulement vingt-sept ans et 31 sélections. Rugby Rambo, l'image parle d'elle-même – préférer la force et le défi physique à l'évitement. « Codor » était un magicien. Il fascinait mon père autant que le tennisman John McEnroe. Était-ce sa chevelure bouclée, son petit gabarit, la fluidité de ses gestes et de ses courses ? Il en parlait comme d'un artiste, comme si, fait étrange pour un rugbyman, il avait du toucher de balle. Codor en avait certainement pour délivrer des passes si justes et inspirées – je revois celle, lors du match Angleterre-France du Grand Chelem 1981, à Twickenham, où, d'un tour sur lui-même, en pleine course, il endort trois défenseurs et redouble avec Laurent Pardo pour l'essai. Il avait au moins un don, le plus beau quand on joue premier centre, celui de faire briller les autres, de les placer dans les bons espaces (j'aimerais tellement me souvenir de son association, en bleu, avec Philippe Sella, le pur-sang). Mais il était petit et léger, Codorniou (1,69 mètre, 68 kilos). Pourtant, il plaquait. Petit. Léger. Inapte à rentrer dans un mur. Malheur à lui – dehors. Il fut d'autant plus artiste qu'il devint maudit et, malgré lui, et comme d'autres avant lui, le symbole d'une opposition éternelle. Je ne veux pas refaire l'histoire, juste puiser dans cet exemple. Didier Codorniou était, par son style et, disons-le, son esthétisme de nature, le porteur d'une certaine idée du rugby, la culture d'un jeu, du jeu, celui qu'on appelle le « beau » jeu. Il était porteur d'une ambition, que certains prenaient pour de la prétention, et cet état d'esprit pouvait, comble de l'hérésie, s'accommoder à l'occasion de cheveux longs et d'une certaine insouciance et, horreur, se doubler d'un discours intellectualisant.

Cette culture-là, ai-je l'impression, s'est toujours heurtée à l'autre. Celle d'un rugby conservateur, fait de coups de pompe et de coups d'épaule plus que de passes sur un pas. Comme si les bœufs, dont on sait qu'en rugby on a pourtant toujours besoin, se sachant incapables de produire ce rugby-là, s'étaient sentis visés par le talent de ces poètes magnifiés par des journalistes à la plume romantique et le leur faisaient payer. Il y avait de ça, je crois, dans les cabales des années 1960 contre les frères André et Guy Boniface, contre Jean Gachassin et Jo Maso, qui prenaient des risques inconsidérés, gaspillaient les munitions et offraient des opportunités de contre aux adversaires. C'est en tout cas ce que m'ont appris mes lectures. Si je reviens au cas Codorniou, au-delà d'une incompatibilité de personnes et, peut-être, d'un problème de posture (mais je ne crois pas que Codorniou n'ait jamais rien revendiqué avant d'être évincé, au contraire d'André Boniface ou Jean Trillo, par exemple), il y a, derrière le choix de ne plus le sélectionner, un projet de jeu. C'est-à-dire un parti pris dans la façon d'utiliser le ballon. Alors, deux philosophies s'affrontent. La première fait du rugby un jeu qui vaut d'être joué, avec ce que cela comporte d'amusement et de manières, quitte à se planter, tout autant qu'une somme d'enjeux et un match à gagner. La deuxième, l'antithèse, pragmatique, conservatrice, plus primaire, est basée sur le défi physique. On dirait qu'en France, ces deux approches sont irréconciliables. La Nouvelle-Zélande, pour citer une fois de plus la valeur étalon, elle, le fait merveilleusement.

Réconciliées, ces deux philosophies doivent pourtant l'être. De toute façon. Les fondements du rugby l'imposent. Puisque le ballon doit être conquis avant d'être joué, et parce que cela ne peut se faire sans rudesse. Car ensuite, avant de faire voler la balle de mains en mains, il faut fixer la défense – plus que jamais de nos jours, compte tenu de la densité humaine ; l'amélioration permanente de la condition physique d'un nombre de joueurs qui n'a pas varié sur un terrain dont les dimensions n'ont pas varié non plus a forcément des conséquences. Ceci posé, il y a manière et manière de fixer ou de déstabiliser une défense. Revoilà le débat. Qui pose, au fond, la question du bon et du beau. Dit autrement, de l'efficacité et de son caractère esthétique ou non, et si esthétique, selon quels critères. Une mêlée qui en enfonce une autre, c'est beau, encore faut-il être capable de l'apprécier. Une équipe réduite à 14 qui produit un jeu minimaliste d'un engagement féroce pour l'emporter, s'appuyant sur la solidarité et la ténacité de ses joueurs, d'une certaine manière, c'est beau aussi. Mais tout le monde peut-il le déceler, tout le monde doit-il le déceler ? La question ne se pose plus quand une équipe envoie du jeu (c'est l'expression consacrée), multiplie les passes, les prises d'intervalle, les courses, alterne les enchaînements de percussions dans l'axe et les ouvertures sur la largeur, et marque des essais en bout de ligne. En pareil cas, tout le monde comprend. Tout le monde jouit du spectacle, y compris les partisans les plus austères d'un rugby restrictif, y compris les moins initiés qui perçoivent, dans ce rugby-là, le mouvement général, le rythme de déplacement des joueurs et du ballon et la direction que tout cela prend, tendue vers une ligne d'essai. On aime voir le ballon circuler, on n'y peut rien. On aime le rugby de mouvement, tous, même sur le terrain – à l'exception, peut-être, des gabarits les moins mobiles. Mais jouer beau ne fait pas nécessairement gagner. Jouer beau, particulièrement aujourd'hui, c'est chercher des espaces où l'on n'en trouve de moins en moins. C'est prendre le parti de l'évitement, au moins autant que celui de l'affrontement (ce qui ne signifie pas que privilégier l'affrontement est illégitime). Enfin, ajouter une ambition de jeu, qualifions-la d'esthétique, à l'ambition de gagner, c'est une démarche. Intellectuelle, d'abord, de terrain, ensuite, car elle implique de laisser les joueurs libres d'initiative et de mouvement et de les éduquer à cette fin, d'accepter qu'ils se trompent et apprennent de leurs erreurs. Elle implique une prise de risque et donc un risque d'échec et de défaite ; elle requiert une préparation physique appropriée.

Ce rugby-là éduque. Il mobilise la lecture. Il faut savoir lire le jeu, comme on le dit, savoir s'adapter à ce que l'on voit du placement d'une défense, du positionnement de ses partenaires, de l'endroit du terrain où l'on se situe. En 1998, Villepreux avait nommé cela l'« intelligence situationnelle », et tout le monde lui était tombé dessus, enfin tout le monde, vous avez compris. On en vient à l'entraînement, à la répétition, à l'improvisation. Comme dans tout sport – et, je crois, dans toute discipline –, la répétition constitue la base de l'apprentissage du corps et de l'esprit, apprentissage des situations et de leur lecture, intégration des gestes, amélioration de ceux-ci. Le rugby de mouvement est comme le jazz. Ou comme l'improvisation théâtrale. À l'entraînement, on répète d'abord des gammes. On apprend ensuite à les utiliser dans des situations de moins en moins ordonnées, à en user avec le plus d'acuité et de justesse dans un désordre néanmoins cadré (par les dimensions du terrain et les règles) afin de construire une belle phrase ou une belle scène – belle parce qu'efficace, et souvent esthétique. Esthétique, dans le sens d'un rapport au sentiment du beau et à sa perception, avec, bien entendu, la part de subjectivité induite, on y revient. Mais qui, du haut de sa subjectivité, oserait affirmer, pour prendre des exemples bien français, que l'« essai du siècle », en 1991 à Twickenham, ou celui « du bout du monde », en 1994 à l'Eden Park d'Auckland, ne sont pas des chefs-d'œuvre qui, de fait, nous évoquent bien plus qu'une succession de mêlées enfoncées ou une opposition de paquets d'avants ? Ces deux essais de « cent mètres », partis des 22 mètres français (1994) et de l'en-but (1991), sont des moments de totale improvisation, au cours desquels des joueurs interviennent tour à tour en fonction de leur positionnement sur le terrain et non du numéro qu'ils portent dans le dos, avants et trois-quarts mélangés, tous – cela tient du miracle – frappés à ce moment-là par le génie du geste juste, de la course appropriée et surtout de la réponse adéquate à la situation, c'est-à-dire à l'action du porteur de balle, à celle des soutiens, à celle de la défense. Ces essais furent des instants de grâce, et ces instants de grâce ne furent possibles que parce que leurs auteurs baignaient dans une culture et une éducation du jeu bien particulières – je pourrais oser dire celles du « jeu à la française », encore valable à l'époque, bien qu'un peu cliché –, et surtout grâce au fait que certains plus que d'autres en cultivaient l'expression sur le terrain. Relancer depuis son en-but, comme le firent Pierre Berbizier et Serge Blanco, en 1991, c'est une prise de risque considérable : il faut s'y sentir autorisé et s'en sentir capable. Cela implique, déjà, de croire en sa capacité à remonter le terrain à la main. Il faut ensuite, comme je le disais plus haut, apporter les bonnes réponses et, tout cela, quitte à ressasser, est une affaire d'éducation. De joueurs, aussi. En 2006, Fabien Galthié, alors entraîneur du Stade français, m'expliquait sa vision du rugby dans le cadre bucolique de la Faisanderie du parc de Saint-Cloud et me confiait une analogie que je me dois de partager : « Pour faire une bonne salade de poulet, il faut du bon poulet. » Sous-entendu, vous l'avez compris, pour produire un bon rugby, il faut de bons joueurs. Il suffit de citer les noms des hommes impliqués dans les deux essais mentionnés et leurs actions pour mesurer la concentration de talents.

En 1991, Pierre Berbizier réceptionne dans son en-but la pénalité anglaise manquée et prend la décision de relancer. Il sert Blanco, dont le flair est légendaire, et l'arrière « met les cannes » pour sortir de son en-but à grandes foulées. Blanco passe à Jean-Baptiste Lafond, autre relanceur notoire, deuxième accélération, on est encore dans les 22, cadrage du défenseur et passe à Philippe Sella, en position d'ailier, qui accélère, sort des 22 puis temporise pour attendre le soutien. Il rentre dans le terrain, fixe la défense d'une passe croisée pour Didier Cambérabéro, lancé. Le long de la touche et au milieu de cinq Anglais, à pleine vitesse, l'ouvreur tape un petit coup de pied à suivre pour lui-même, réceptionne le ballon dix mètres plus loin, puis tape à nouveau au centre du terrain où Philippe Saint-André, de son aile opposée, a suivi et se saisit du ballon pour sprinter et marquer entre les poteaux, vingt secondes plus tard, vingt secondes d'inspiration fulgurante. En 1994, Philippe Saint-André, devenu capitaine d'une équipe qui n'est qu'à quelques points de réaliser l'exploit d'une tournée victorieuse en terre all black, réceptionne, dans ses 22 mètres, un coup de pied d'occupation néo-zélandais et relance. Il accélère, avance, hargneux, le plus possible au milieu des défenseurs. Regroupement sur les quarante mètres, la balle sort vite, le talonneur Jean-Michel Gonzalez, dans un éclair, fait office de demi de mêlée. Sur un pas, il sert Christophe Deylaud lancé ; deuxième accélération, Deylaud sert Abdelatif Benazzi, avant en position de premier centre, qui prend l'intérieur de Jonah Lomu et sert Emile Ntamack dans le dos de l'ailier néo-zélandais. Ntamack, dans une course rentrante, croise avec Laurent Cabannes, encore un avant, qui, dans une course sortante, lui, croise à son tour avec Yann Delaigue en position d'ailier. Le Toulonnais repique vers le centre du terrain. La défense néo-zélandaise a le tournis. Delaigue, d'un « tchic-tchac » magistral, appuis intérieur-extérieur, assoit le dernier défenseur all black et donne à Guy Accocébéry. Se sentant court, le demi de mêlée offre l'essai à Jean-Luc Sadourny. Sadourny plonge dans l'en-but néo-zélandais trente petites secondes après la relance de son capitaine et c'est la victoire.

Je ne mentionne pas les soutiens non servis mais ils sont là, bien sûr, dans l'une et l'autre action, perturbant d'autant les défenses adverses par les solutions alternatives qu'ils offrent aux porteurs de balle successifs. Les joueurs que je viens de citer possédaient-ils tous un talent inné ou celui-ci avait-il été suscité, acquis puis développé à la faveur d'une certaine pratique du rugby, donc d'une certaine idée de celui-ci ? Pour m'extraire du débat, alourdi en France par trop d'affect, je puise ma réponse en Nouvelle-Zélande. Des actions aussi pures et géniales, les All Blacks, depuis plus de vingt ans maintenant, en livrent quasiment à chaque sortie. Une petite fée ne se penche pourtant pas sur les berceaux de tous les nouveaux-nés kiwis pour leur délivrer le don du jeu de rugby – j'y reviendrai plus loin quand j'évoquerai notre rugby d'aujourd'hui.

L'improvisation ne se décrète pas, elle se travaille. Pour improviser, il faut avoir beaucoup répété. Il faut aussi avoir interprété car, au départ, sur ce qu'on appelle le ou les premiers temps de jeu – c'est-à-dire les premières actions qui suivent les phases de conquêtes ordonnées, touche et mêlée –, on joue une partition. Des combinaisons sont inventées par les entraîneurs, parfois en collaboration avec les joueurs, pour déstabiliser la défense lorsqu'elle est placée pour, disons, ouvrir des portes. Il s'agit de créer là un surnombre, ici un décalage. On combine devant, sur touche essentiellement, on combine derrière une fois que le ballon parvient à l'ouvreur. Là, pas de blague, c'est de la haute précision. Même chez les gros. On peut les voir frustes et lourdauds, les avants, il leur faut intégrer un nombre considérable de combinaisons en touche, souvent une vingtaine, en effectif complet ou réduit, avec ou sans déplacement, avec ou sans déviation, et toutes les annonces codées qui les accompagnent. Idem pour les trois-quarts. Ces combinaisons sont des outils, les joueurs les utilisent en fonction de ce que leur oppose l'adversaire du jour, bien sûr, ainsi que de leur maîtrise et de l'endroit du terrain où ils se trouvent. On ne combine pas de la même manière à quinze mètres de sa propre ligne ou à dix mètres de la ligne adverse. De la justesse de l'exécution dépend le succès de l'opération – le succès ultime étant l'essai en première main, inscrit en un temps de jeu, une rareté. Toute une part de l'entraînement est donc consacrée à la répétition métronomique des lancements de jeu. C'est une routine. Incontournable. Elle est d'autant plus incontournable qu'aucun jeu d'improvisation n'est possible tant qu'un minimum de désordre n'a pas été créé. Et pour créer ce désordre, il faut avoir conquis le ballon et l'avoir conquis de manière suffisamment propre pour pouvoir l'exploiter. Il arrive, dans une partie, qu'une ligne de trois-quarts n'ait réellement à jouer dans de bonnes conditions qu'une poignée de ballons. Dans le rugby d'aujourd'hui, les défenses sont denses et bien organisées, elles se reforment vite ; plusieurs temps de jeu sont souvent nécessaires pour les bousculer, et ces temps de jeu successifs reposent sur des schémas de jeu préétablis, qui ne sont pas des combinaisons millimétrées, mais répondent d'une forme d'interprétation dans laquelle, déjà, la dextérité, la largeur du spectre de la palette technique et la lecture du jeu interviennent. Moins on est prévisible, plus on déstabilise le défenseur. Donner au dernier moment au lieu de percuter, travailler son défenseur au lieu de lui rentrer dedans tout droit, jouer un petit coup de pied par-dessus pour forcer la défense à monter moins vite, investir à deux un même intervalle… Il faut surprendre. Introduire une touche d'improvisation dans l'organisation, rester dans le cadre, s'en éloigner, parfois en sortir. C'est toute la subtilité de ce jeu. Appliquer et/ou s'adapter – s'adapter nécessitant, c'est dit plus haut, des aptitudes de lecture et des capacités techniques et physiques pour varier l'expression.

Un poste, de nos jours, symbolise particulièrement cette complexité, celui de premier centre. Lancé par son ouvreur, le premier centre se trouve très rapidement au contact de la défense. Il peut y péter « bêtement ». On en voit beaucoup. Il fixe, c'est basique. Ce que Thomas Castaignède, autre petit prince, proposait à ce poste à la fin des années 1990, (j'aimais le voir jouer 12) était autrement plus varié, comme ce qu'a accompli Yannick Jauzion dans ses meilleures saisons, au milieu des années 2000, ou plus près de nous Ma'a Nonu, le centre néo-zélandais double champion du monde, ou l'Australien Matt Giteau, au sommet de son art sous les couleurs de Toulon entre 2011 et 2015. Voilà des joueurs imprévisibles. Nonu et Jauzion plus encore que les autres, car ils pouvaient jouer sur leurs kilos autant que sur la finesse de leurs appuis ou de leur jeu au pied. Ils étaient capables de s'exprimer dans tous les registres, de vrais cauchemars pour leurs vis-à-vis. Jauzion prenait l'intervalle, puis des défenseurs sur le dos et, malgré cela, faisait jouer. Les autres pouvaient enrhumer le défenseur d'un crochet puis prendre le trou et servir ensuite. Des perles. Mais des perles qui n'auraient rien été sans la réponse de leurs partenaires. Franchir, c'est créer une rupture, faire basculer la partition dans l'improvisation et les autres doivent suivre, converger vers le porteur de balle. C'est alors que s'expriment les réflexes communs, les habitudes de jeu, la lecture des courses, l'habileté à donner et recevoir le ballon dans toutes les circonstances, la capacité à se proposer dans le bon temps – toute l'éducation. Réside là, aussi, l'essence du rugby, dans ce mouvement général des hommes qui, soudain, s'organise en plein désordre, dans le timing du joueur qui se propose à hauteur avec plus de vitesse que le porteur du ballon et que l'on sert pour perpétuer l'action – une forme de relais.

Je me rappelle le travail de ces situations sur le terrain boueux de La Cipale, au bois de Vincennes, avec Jacques Dury et Patrick Ladauge, deux entraîneurs qui, en une saison, ont fait bondir ma compréhension du rugby. Ils étaient, dans le sillage de Pierre Villepreux et René Deleplace, premier théoricien du rugby de mouvement, de la mouvance des professeurs d'EPS farouchement attachés à l'idée de ce jeu en mouvement. « Perce ! » hurlaient-ils. On devait laisser franchir le porteur de balle sans le plaquer pour justement entraîner la réponse de l'équipe attaquante à cette rupture. Parfois, ils criaient : « Deuxième ballon ! » Nous devions alors abandonner l'action en cours et enchaîner immédiatement avec un ballon qu'ils venaient de taper dans un autre coin du terrain. La possession pouvait changer de mains, et c'était tout l'intérêt de l'exercice : imposer brusquement la permutation des rôles, les défenseurs devenant attaquants et inversement – ce qui se produit sur les fameux ballons de récupération, ces ballons dont il est dit depuis quinze ans qu'ils sont les meilleurs. Et pourquoi le sont-ils ? Justement parce qu'ils sont à jouer dans le plus grand désordre, face à une défense totalement désorganisée puisqu'une seconde avant, elle attaquait. Malgré les douches froides, même en plein hiver, les kilos de boue sur les fringues en grosses mailles de l'époque et les heures de métro, j'ai aimé ces séances. Le rugby prenait sens. Nous avions fait du tableau noir en stage de présaison, les fondements étaient limpides. Cet apprentissage reste gravé en moi.

J'ai aimé le travail de précision. Pour moi, qui jouais devant, c'étaient les touches répétées inlassablement, parfois avant même le début de l'entraînement, juste avec un lanceur et le bloc saut. Ce travail faisait appel à une grande concentration et beaucoup de minutie, c'était un travail d'équipe, un partage de sensations pour améliorer le saut, la prise de balle ou la redescente, d'autant plus important qu'il engageait notre responsabilité, à nous les avants, vis-à-vis des trois-quarts à qui nous nous faisions le devoir de procurer de bons ballons pour, ensuite, dans un deuxième temps, participer, tous mélangés, à ce jeu commun. J'ai aimé l'affrontement direct, le pilonnage au près parfois nécessaire pour resserrer la défense et la faire reculer, c'était plus basique mais non moins technique, une épreuve de force qui pouvait avoir aussi un sens en matière d'ascendant psychologique. J'y trouvais une part de sacrifice qui me convenait, une façon de faire le sale boulot avant que les copains puissent en profiter. Je considérais que j'étais là pour ça. D'une action à l'autre, ni le cœur ni les épaules ni la tête n'avaient le temps de refroidir, c'était une lutte pied à pied, parfois mètre par mètre, une obsession de la percussion et de la protection du ballon ou, en tant que défenseur, l'entêtement à ne pas céder le moindre centimètre. Le corps à corps avec les partenaires pour protéger le ballon, le corps à corps avec l'adversaire pour le gain de la ligne d'avantage ou de la balle. En hiver, mieux vaut jouer devant pour éviter de se geler – souvenirs de crème chauffante sur les orteils, de sac plastique dans les souliers quand une pellicule de neige recouvrait le terrain.

J'ai aimé ces phases-là, rudes, parce qu'elles étaient le rugby et ce pourquoi, en partie, j'y jouais. Je les ai aimées parce qu'elles m'ont parfois permis de gagner des matches, des matches qui se jouaient, c'étaient les circonstances, sur ces vertus-là : *ugly rugby* disent les Anglo-Saxons, moche, oui, peut-être, mais dans la boue, sous la flotte, ou parce que les trois-quarts sont dominés, il faut savoir s'adapter (tiens, dans l'autre sens, ça marche aussi). Intérieurement, pourtant, le contentement n'a jamais été aussi fort que lorsqu'il m'arrivait de prendre un intervalle bien servi par un centre, par exemple, qui s'appuyait sur moi au soutien dans l'axe, pour perpétuer le mouvement. L'aspiration que l'on ressent au moment de se saisir du ballon, alors qu'on accélère encore, la sensation d'être soudain poussé par le vent, aspiré dans l'intervalle, d'avoir des ailes. D'une main on serre le ballon sur la poitrine, pour quelques fractions de seconde on est le vent qui porte un ballon, avant de se ressaisir, de lire ce qui se présente et ce qui nous suit, de choisir de donner parce qu'on a vu un partenaire en bonne position, de poursuivre aussi loin que possible ou de temporiser comme l'avait fait si justement Sella en 1991. Oui, on est le vent qui porte un ballon, on est le rugby. Il y a tout. La course, le port du ballon, le corps et l'objet réunis, le corps en plein effort, l'effort au service du jeu symbolisé par le ballon. La préparation au don ou au contact, parfois aux deux, lorsqu'on décide de fixer un défenseur, de passer au dernier moment alors qu'on sait qu'on va prendre un caramel, c'est le don de soi en même temps que celui du ballon. Pour moi qui ai eu la chance de sauter en touche, de voler un peu en quelque sorte, en plus de courir et de pousser comme tous mes partenaires, la course balle en main reste la sensation suprême. Dieu pourtant que j'ai aimé prendre des balles en touche et encore plus en voler sur lancer adverse. Mais, à mon goût, la course balle en main, c'est incomparable. Olivier Milloud n'en dirait pas autant. Chacun son truc. Et c'est mieux, j'ajoute, à mon goût toujours, de courir avec le ballon, bien mieux que de marquer un essai – je parle bien de sensation intérieure, de ce mélange de perceptions physiques et mentales de ce qui est en train de se produire, de ce que *je* produis, de ce que je suis en cet instant. Marquer, c'est assurer des points au score, certes, c'est une forme de délivrance et l'un des buts du rugby, c'est vrai, mais c'est conclure et, dans un sens, arrêter le jeu. Le mouvement cesse – du corps, du ballon, de l'équipe ; dehors et dedans. On marque et tout s'éteint. La joie de marquer n'a jamais compensé mes sensations de course, ma perception globale du jeu et du match. Je préférais voir les autres marquer, la coupure était moins brutale. Je n'ai jamais interrogé mes partenaires à ce sujet, j'ai peu questionné les joueurs professionnels sur leurs sensations de marque, ça ne me semblait pas primordial et c'était rarement transcendant, et pour cause – mais peut-être suis-je passé à côté de quelque chose.

Dans tout ce maelström, il faut bénir la clairvoyance des grands leaders de jeu. Il est exceptionnel, dans un tel contexte d'engagement physique total, d'organisation et de désorganisation, de trouver des joueurs, les demis le plus souvent, capables de réfléchir, de constater, d'analyser ce qui va ou ne va pas tandis que les actions s'enchaînent et les contacts résonnent. Ils impriment le rythme, orientent la stratégie. Deux noms me viennent, Carter et Larkham :

Daniel Carter, ouvreur all black de 2003 à 2015, déjà mentionné dans cet ouvrage, et l'Australien Stephen Larkham, wallaby de 1996 à 2007, champion du monde en 1999. Ces deux joueurs, tous deux ouvreurs, avaient un sens du tempo incroyable. Ils savaient se faire oublier, distribuant avec nonchalance le ballon à leurs partenaires. Un coup intérieur, un coup plus large, un coup sur les gros, usant du pied lorsque nécessaire et puis, soudain, ils s'étaient rapprochés ni vu ni connu de la ligne d'avantage et accéléraient soit le seul mouvement du ballon, soit le leur et celui de la balle qu'ils décidaient de porter, Larkham ondulant avec ses grands compas et sa silhouette longiligne, Carter, plus énergique et le raffut facile sur les défenseurs en poursuite, capable de servir un partenaire d'une main, bras ceinturés – geste que je l'avais vu répéter avec persévérance à la fin de chaque entraînement, en 2006 et 2007. Ces deux-là avaient des pattes : 25 essais en match international pour Larkham, 29 pour Carter. Il est évidemment plus facile de gérer la partie quand son équipe domine, et Larkham comme Carter ont joué dans des formations qui maîtrisaient leur sujet et le rugby mondial, mais reconnaissons-leur un talent, ce talent de gestion qu'il est rare de trouver aussi maîtrisé chez nous, en France. Larkham jouait dans une équipe où le jeu était très programmé, parfois jusqu'à trois temps de jeu – l'Australie était en avance sur ce point, presque à part. Cela n'a jamais empêché ses éclairs. La sortie du cadre, quand le jeu l'imposait. Rupture et improvisation.

Je me souviens d'avoir lu un article sur Codorniou, ce devait être dans la deuxième moitié des années 1990, dans quel journal, je ne sais plus, bref, cela manque cruellement de rigueur mais, dans ce papier, Codorniou racontait s'être retrouvé, des années après leur brouille, au bord d'un terrain au côté de Jacques Fouroux. Et Fouroux, confiait-il, lui avait dit : « Désolé Didier, j'ai déconné. » Fouroux avait déconné, oui, avec son rugby technico-physique. Cela ne l'avait pas empêché, une fois sa prise du pouvoir manquée à la Fédération française de rugby en 1991, de le reproduire, exacerbé, à Grenoble où, redevenu entraîneur, il avait monté une équipe de mammouths avec laquelle il aurait dû devenir champion de France en 1993 – un essai non valable fut accordé aux Castrais, les apparatchiks de la Fédération n'auraient pas supporté remettre le bouclier de Brennus à l'équipe de l'emmerdeur Fouroux. Le pack dauphinois approchait les 900 kilos, inimaginable à l'époque. Au niveau international, on y est arrivé vingt ans plus tard. On y trouvait Olivier Merle, Olivier Brouzet, Gregory Kacala, Fabrice Landreau, Hervé Chaffardon – que du (fort) tonnage. Willy Taofifénua avait glissé de la troisième ligne, où il n'était déjà pas léger (112 kilos !), au centre pour y apporter… du poids. Quoi d'autre ? Dans sa considération des gabarits, Fouroux avait quelques décennies d'avance, le souci de la mobilité en moins. Il fit la preuve, cette année-là, comme le faisaient les Sud-Africains depuis un siècle, que le rugby de destruction pouvait autant gagner que celui de mouvement. Mais à part les supporters grenoblois, qui avait-il convaincu ?

Chapitre 9
La main aux fesses, et ce qu'elle suggère

Il existe, en rugby, une courte faille spatio-temporelle entre la fin de l'échauffement et le début du match, pendant laquelle les deux équipes, après avoir réveillé muscles, cœurs, poumons et mains sur le terrain, rentrent au vestiaire. Dans le secret des couloirs et des salles carrelées, se poussent alors des cris. Des épaules et des fronts s'entrechoquent, des troncs se serrent ; parfois, des gifles claquent. Pour mesurer ce qui est en jeu, il faut comprendre ce à quoi les joueurs vont, pendant quatre-vingts minutes, se livrer : une mise à nu de ce qu'ils ont, individuellement, au fond du ventre (c'est ainsi en tout cas qu'ils le vivent, ainsi que cela leur est présenté). Et chaque week-end, la même épreuve – serai-je à la hauteur ? Dans ces moments d'émoi intense, l'autre est un miroir ; son regard, un révélateur. Chacun trouve ses ressorts pour juguler l'appréhension, éveiller la confiance, tempérer l'envie d'en découdre, mais le rugby est un sport collectif, il faut un dénominateur commun. C'est la harangue, souvent, la harangue au combat, la harangue à la vaillance, à l'honneur personnel. Alors nombreux sont ceux qui crient – entraîneurs, capitaines, leaders de vestiaire –, bien que tout le monde n'ait pas besoin de ce déchaînement vocal pour se mettre en condition. Certains se secouent, pour suer, se sentir bouillonnant. On se touche. Une tape, un coup d'épaule, une accolade, front contre tempe – ouais, je serai là pour toi. Tout n'est pas bon à prendre. Des situations d'un grand ridicule se répètent tous les dimanches quand les avants, par un entraîneur braillard, sont réunis dans les douches pour savoir s'ils « y sont », douches où les crampons glissent, où immanquablement quelqu'un va finir par appuyer, avec un coude, une fesse ou un dos, sur un bouton-poussoir et se trouver trempé (et il faudra rester sérieux). Le folklore rapporte des anecdotes grotesques : un entraîneur assommé par le coup de tête d'un joueur trop remonté, des discours aussi absurdes qu'« ils sont comme nous, en face, ils ont 15 jambes et 15 bras ». C'est le rugby, notre rugby qui, en France, joue – culturellement – sur la corde émotionnelle, peut-être au-delà du raisonnable, au risque de noyer sous les émotions le sang-froid et la lucidité.

Ce que je retiens néanmoins de ces moments, encore plus denses quand les matches prennent de l'importance, une rencontre de phase finale par exemple, c'est la première étape d'un rapprochement possible entre les êtres, un rapprochement au-delà des corps, mais à travers les corps qui, comme on dit, vont aller au mastic. À cet instant précis, hors du temps, dans la moiteur d'un vestiaire où la température est montée d'un coup, où l'on quitte nos tenues d'échauffement pour enfiler, suant, le maillot de match, où l'on s'étale une poignée de vaseline sur les oreilles et le front, où l'on s'agace une dernière fois de quelques claques sur la nuque, où l'on chante, parfois, dans sa tête pour s'extraire du trop-plein de tout, un premier lien fort de camaraderie s'établit. Dans l'idéal, chacun loin en lui, chacun présent avec les autres. Dans la chronologie, suivent la sortie des vestiaires et l'entrée sur le terrain, cette pelouse sur laquelle on déboule, seul, soudain, alors que nous étions, il y a peu encore, collés les uns aux autres, dans la fraîcheur de l'air qui saisit le front et la nuque en sueur. Dans ces quelques instants, le groupe s'égaye.

Chacun reprend son individualité. Une façon, j'imagine, de se réapproprier le rôle que nous aurons à tenir, un par un, dans quelques secondes, quand le match aura commencé – j'ose, un pour tous, tous pour un. Puis l'on se rapproche à nouveau de tel ou tel partenaire, parce que c'est lui, un complice, un ami, parfois, pour échanger un clin d'œil, un regard appuyé, une tape sur les fesses – ça va bien se passer –, avant de prendre sa place pour le coup d'envoi. En accéléré et vu de haut, cette sortie de vestiaire doit ressembler au mouvement d'une méduse qui déploie ses tentacules avant de les rétracter. Enfin, vient le match. Tout ce pour quoi on s'entraîne et traverse les moments que je viens de décrire. La confrontation au réel, à l'opposition. À l'inattendu. Il va falloir se mesurer. Seul et en groupe. La camaraderie à l'épreuve du feu. Paf, nouvelle tape sur les fesses, je te dis que ça va bien se passer. Les rugbymen, voilà, se mettent la main au cul. Les rugbywomen aussi. Ce pourrait être ailleurs, dans la main par exemple, comme cela se fait au double au tennis, au handball ou au basket après un lancer franc. Non, c'est là, sur les fesses. Les fesses ou les fessiers ? Les deux.

Les fesses et les fessiers, deux dénominations pour une même partie du corps. La distinction et l'amalgame valent par ce qu'ils disent du rapport des rugbymen au corps sportif et de leur rapport au corps tout court, corps alors potentiellement érogène – et de leur aisance à passer de l'un à l'autre, sans (fausse) pudeur. Peut-être même finissent-ils par ignorer la frontière. Depuis le début de ce texte, je n'ai cessé de parler des corps et de leurs formes. Au rugby, tous les corps sont acceptés. Tout être, quelle que soit sa forme, apprend à vivre avec son corps. J'exagérerais en convoquant l'image des *freak shows* de P. T. Barnum, mais il y a de ça dans la réunion, au sein d'une même équipe, de physiques hors la norme, dans l'accoutumance à la différence, et au toucher de cette différence, dans l'accoutumance à une forme d'outrance – ces épaules, ces paluches, ces dos, ces cuisses, ces fesses, ces bides, parfois énormes, chez les « gros », et l'appétit carnassier tout aussi énorme qui les accompagnent, tous ces corps qui vivent, dans ce cadre débarrassé des regards accablants. Les corps sont là, avec des êtres dedans, pas toujours en accord d'ailleurs (le sensible peut se trouver dans un corps de brute et inversement), et ils coopèrent, bras dessus, bras dessous, la tête qui s'enfonce partout. Dans chacun de ces corps, l'un des muscles le plus puissant chez l'être humain qu'est le fessier, extenseur de la cuisse, destiné au maintien de la station debout, à la course et à la poussée, est, sur le terrain, hautement sollicité. Hautement touché, aussi, puisqu'on vient mettre sa tête entre les fesses des partenaires pour pousser, les épaules contre ou sous les fesses des partenaires pour encore pousser, puisqu'on place ses mains sous le pli fessier du sauteur, les pouces, de fait, vraiment proches de l'entrejambe quand, en touche, on est son lifter arrière. Alors, fesses ou fessiers, belles fesses, grosses fesses, petites fesses, pas de fesses, la main au cul pour encourager, même si elle exprime une forme de tendresse et donc une vraie proximité, est évidemment insexuelle. Elle est juste une liberté appréciable de plus dans l'expérience que l'individu vit au rugby.

Cette liberté dans le rapport au corps, le sien et celui des autres, on la retrouve après le match. On la retrouve en fait hors du terrain, dès que le groupe – avec ses codes – se reforme. Il n'y a aucune raison de ne pas se sentir aussi libre (désinhibé) au sein de la tribu sous prétexte qu'on n'est plus sur le terrain. Le groupe fait corps. Rempart. Et filtre. Il projette une image vers l'extérieur, plus ou moins maîtrisée, plus ou moins voulue. À l'intérieur, ses membres se livrent à une nouvelle mise à nu – au figuré, et au propre parfois, du haut très souvent. On dirait que le don de notre corps à ce sport nous enivre, tout autant que les pintes de bière et les litres de Pastis bus en troisième mi-temps. Pour autant, la pratique du rugby grise-t-elle plus que ne grisent la pratique de la musique pour le chanteur ou le pianiste, capables alors, désireux même, de jouer ou de donner de la voix en public en toutes circonstances, ou celle du théâtre pour le comédien, qui, facilement, saura se mettre en scène en telle ou telle occasion ? Il y a qu'en rugby, des conventions sont à incarner, toute une culture est véhiculée, à laquelle il est difficile d'échapper au point qu'une espèce de typicité se trouve à la fois revendiquée de l'intérieur, et identifiée de l'extérieur – quitte à devenir cliché et généralité forcément abusive, d'autant plus abusive qu'elle est tirée des comportements les plus extrêmes.

Toutes les équipes ne sont pas des bandes de potes à la vie à la mort ; tous les joueurs de rugby ne sont pas des débauchés ni des pochards qui finissent les soirées nus debout sur un comptoir ; tous les rugbymen n'aiment pas chanter des chants basques, des chansons paillardes ou de la variété française, j'en sais quelque chose. Pour le timide, pour celui qui ne boit pas d'alcool, pour tel autre dont le rapport au monde empêche de facilement se livrer à la frivolité, la troisième mi-temps n'est pas un plaisir. Mais elle est un rite – et un rite de passage incontournable pour quiconque souhaite s'intégrer et, il faut le dire, elle lie. Autant que le vestiaire ou le match, bien plus que l'entraînement. Me revient le souvenir de tours en autocar place de la Concorde et sur les Champs-Élysées, fesses au carreau (les fesses, encore, oui). On avait gagné un quart de finale de Championnat de France, le chauffeur avait fait un détour pour fêter la victoire et les touristes, ébahis, prenaient films et photos. Dans le car et sur le trottoir, tout le monde riait. Potaches, « on montrait notre cul et nos bonnes manières », comme le chantait Jacques Brel, c'était bon enfant. Ça ne l'est pas toujours.

Au rugby, la fête est intimement liée à l'alcool, disons-le même, à la biture. Ce n'est pas propre au rugby, c'est néanmoins un trait de caractère prégnant. Sous l'effet de l'alcool, de nouveaux rapports se créent, une autre mise à nu, disais-je. Les barrières tombent, à force de discussions sur le match qu'on vient de jouer, sur le rugby en général, sur les filles et sur le monde (mais jamais au-delà de certaines limites, on ne se risque pas à parler de politique par exemple, à moins de rester *mainstream*, pour ne pas cliver). À force de déconnage, de drague sous le nez des copains, on se découvre, on se voit différemment, plus hommes et moins joueurs, on partage des secrets et des souvenirs, la complicité grandit et renforce les liens du terrain. La spirale est vertueuse et, cette fois encore, ce n'est pas une légende.

Et puis il y a les femmes. Là-bas, de l'autre côté du bar. Tu les as vues ? La brune, là, avec… Mais ce soir, la brune n'a pas envie de causer, ses copines non plus. Elles se fichent pas mal de ces types bruyants, n'éprouvent aucun désir pour ces bonshommes, aussi musclés soient-ils, aussi drôles se pensent-ils. D'ailleurs peut-être préfèrent-elles les maigres, les discrets, les intellos. Peu importe, ce soir, elles discutent juste entre amies. Alors, et peut-être trop souvent, il arrive que cette brune et ses copines deviennent des salopes. Le rugby n'échappe pas au sexisme ordinaire. L'entre-soi masculin, l'alcool. Les verres tombent, on mate. On mate de plus en plus et puis on parle, fort, paroles graveleuses et forfanteries, la virilité se joue à tout instant. Ça non plus ce n'est pas propre au rugby, mais ce sexisme ordinaire existe là aussi : l'agressivité à l'égard de la femme-objet, qu'on souille d'un regard, d'un mot, la poigne virile qui ordonne le contact. Le rugby, malheureusement, regorge de ces situations, parfois indolores, parfois dramatiques (voir, ces dix-huit derniers mois, les cas portés en justice mettant en cause des joueurs de Grenoble et du Stade français, ou le dérapage et les auditions policières de joueurs de l'équipe de France, en Écosse en 2018). Je ne veux pas m'y attarder, pas plus que je ne m'attarderai sur les parties fines et les expériences luxurieuses, dans certaines arrière-salles de troisième mi-temps. Chacun sa vie, et je refuse de faire des généralités de ces cas-là, fréquents peut-être, mais loin de constituer la majorité ainsi qu'une spécificité rugbystique. J'ai surtout vécu autre chose.

J'ai eu la chance de jouer dans un club mixte. J'estime, oui, que c'était une chance. J'ai assisté à deux phénomènes. Le rejet, d'abord. Le mélange, ensuite. Le rejet était-il affaire de génération ? Il y avait un côté cours d'école dans ce dédain des filles, quelque chose d'invraisemblable et de très immature. Était-ce que ces filles, en venant sur le terrain des mâles, leur piquaient le privilège de l'affirmation de leur virilité par le rugby en leur prouvant qu'il n'était nul besoin d'être un homme, un vrai, pour y jouer ? C'est bien possible. Était-ce qu'elles renonçaient, au moins le temps du jeu et de ses à-côtés, aux exigences de tenue et de bienséance, de discrétion que la société patriarcale tente de leur imposer ? Elles refusaient, en somme, de rester à leur place ; possible aussi. Il y a dix ans, il n'était pas rare d'entendre encore des figures emblématiques du rugby masculin de haut niveau claironner que rugby et filles ne pouvaient aller de pair. Et puis, à la faveur de rapprochements individuels, de jugements moins sectaires, les deux groupes ont avancé l'un vers l'autre et ont fini par se mélanger. Ce furent, à mon sens, des années exceptionnelles. Des troisièmes mi-temps mixtes où, dans le bar que nous occupions chaque dimanche, ces filles n'étaient pas des groupies (bien qu'on pouvait en trouver, autant présent(e)s pour les gars que pour les filles, d'ailleurs), elles n'étaient pas des proies non plus, mais pouvaient devenir des flirts et plus (on compte quelques mariages et une ribambelle d'enfants). Elles étaient des joueuses comme nous étions des joueurs, avec leurs corps, leur diversité de corps comme nous avions la nôtre sans que les rapports souffrent de quelconques préjugés. On partageait la même expérience du jeu et de ses enjeux, individuels et collectifs. Ces filles étaient désinhibées tout autant que nous l'étions, chanteuses, buveuses, mais aussi timides et réservées, parfois, apprêtées ou brutes, pas particulièrement garçonnes, non, féminines, d'ailleurs on les appelait les « féminines », certaines étaient en jupes et décolletés quels que soient leurs tours de hanche, de taille et de cuisse, à l'aise malgré les rougeurs au visage, fruits du combat. L'ambiance était à part. Il n'y avait que des êtres, des deux sexes certes, mais des êtres égaux dans la bringue, égaux dans le rapport à l'autre, assumant leurs enveloppes charnelles et leurs éventuelles rondeurs.

Chaque dimanche, ou presque, était une fête. Une fête, pas juste une troisième mi-temps. Il fallait avoir la santé. Les lundis matin pouvaient être difficiles. Les garçons qui le souhaitaient pouvaient continuer leurs concours de cassage de glaçons (avec le front, sur le comptoir) ou de bras de fer, il y avait parfois une embrouille entre deux camarades un peu trop imbibés, pour le reste, je le répète, ce furent des années exceptionnelles. Et, dans ce cadre-là, il n'y avait pas de mains aux fesses (déplacées), juste des regards.

Et c'est sur un de ces regards que j'aimerais terminer ce chapitre, un regard doux posé sur un postérieur, un postérieur de femme, pour commencer. Pour apprécier le galbe du fessier athlétique, pour dire combien cette courbe fière et campée m'émeut tout autant que l'arrondi de la fesse érotique, je crains d'être incapable de les départager. Le corps sportif dans son ensemble me touche, qu'il soit homme ou femme. Il est la traduction des sensations intérieures éprouvées pour le bâtir, la matérialisation, sous mes yeux, d'une expérience possiblement partagée ; il est une esthétique, musculeuse, traits de fibres, de courbures, de lignes de fuite, d'acier, un corps solide. Il est enfin une intention, un élancement vers une destinée, une gratitude envers la nature.

Les fesses de ce corps musclé, et musclé de diverses manières selon la discipline, que je tapais avec tant de chaleur et de détermination sur le terrain, forment un bloc plus ou moins gracieux, parfois gracile, parfois dur comme la pierre, qui porte la marque de l'activité sportive dont j'ai dit, en introduction, ce qu'elle signifiait pour moi.

Je mesure la beauté du corps d'un bel athlète, je mesure de même la beauté du corps d'une belle athlète, carrure musclée mais carrure féminine, silhouette plantée – tant que des cheveux, la forme des hanches, la nuque, juste un petit rien, clament cette féminité. Il fut dit des horreurs sur la joueuse de tennis Amélie Mauresmo au moment de sa première finale de Grand Chelem, en 1999 (Australie). Elle était jeune et baraquée. Elle était ce que je dirais, et ce que je trouvais, une belle athlète. Belle carrure, beau cul et belles cuisses. Main aux fesses ? Non. Juste un regard.

Chapitre 10
Hétéronomie

Hétéronomie. Je ne connaissais pas. C'est François Ruffin, ami journaliste et futur député de la Somme, qui m'a soufflé ce mot. En 2014, nous nous lançons dans une « enquête-diagnostic » sur les effets de la professionnalisation du rugby. Un an plus tard, lors de la Coupe du monde organisée en Angleterre et au pays de Galles, le rugby fêtera le vingtième anniversaire de son ouverture au professionnalisme : c'est une belle occasion, pensons-nous. Moi, je tourne autour du pot depuis un moment. François, qui aime le rugby depuis son enfance et les retransmissions du sacro-saint Tournoi des V Nations, s'interroge depuis que le XV de France ne met plus un pied devant l'autre. Il apporte son approche économico-sociale, quasi sociologique. On se complète. Malheureusement, nous sommes à contretemps

– enquête tardive par rapport à l'échéance, projets individuels chronophages. Notre enquête n'aboutira jamais. Mais le peu que nous avons fait, notamment tous nos échanges, m'a permis de prendre un pas de recul supplémentaire. J'ai donc appris un nouveau mot. « Hétéronome ». *Le Larousse* nous enseigne : « Qui reçoit sa loi du dehors au lieu de la tirer de soi-même. »

C'était le fondement de notre démarche, considérer que le rugby, tant qu'il était amateur, avait ses propres lois, ses fonctionnements à lui. Il était autonome – donc différent. En adoptant le professionnalisme, il prenait le risque de se conformer aux règles qui régissent les sports professionnels en général, parmi lesquelles le commandement suprême : développer son image et faire croître son audience dans les stades et, surtout, à la télévision, pour assurer sa place sur le marché concurrentiel du sport spectacle et générer des recettes. Le rugby pouvait-il épouser son époque – au départ de l'ère professionnelle, les années 1990, l'explosion du sport business – sans perdre ce qui faisait sa particularité ? Il n'y avait pas de parti pris. Il n'y en a toujours pas. Interroger le professionnalisme et l'évolution fulgurante qu'il a engendrée, c'est observer ce que le rugby était avant et pourquoi, alors, nous l'aimions, et ce qu'il est devenu, et ce qui fait qu'aujourd'hui nous l'aimons toujours autant, plus, ou moins. Outre que le niveau athlétique a été métamorphosé, que le niveau de jeu, technique et stratégique s'est considérablement élevé, outre que le rugby est un spectacle télévisé prisé, omniprésent, que l'argent y coule à flots (sans pour autant que le rugby soit un investissement rentable), le plaisir éprouvé devant un match, a-t-il lui aussi été multiplié d'autant ? En d'autres termes, toute cette mutation, qui, par moments, frise la déculturation, était-elle utile ?

Je n'éprouve aucune nostalgie pour quelque époque que ce soit (sauf pour certains aspects du travail de journaliste, je le raconterai plus loin). Le professionnalisme, je l'ai perçu à l'époque où il se mettait en place, c'est-à-dire dans la deuxième moitié des années 1990, du point de vue essentiellement sportif et, implicitement, comme un facteur indubitable de progrès. Si les joueurs et les équipes s'entraînaient plus et mieux, forcément le spectacle s'en ressentirait. Et c'est d'ailleurs ce que nos écrans de télévision, envahis pour la première fois par le rugby de l'hémisphère sud, nous montraient : un jeu rapide, enlevé, des essais incroyables, de la vitesse, tant de vitesse, toutes ces passes et ces crochets, le ballon qui rebondissait au sol et revenait dans les mains. Du jamais vu. Ce que les All Blacks ont produit ces premières années professionnelles était époustouflant. Il faut se souvenir des courses de Christian Cullen et Jeff Wilson (90 essais internationaux à eux deux, 46 et 44), de Lomu, évidemment, de Zinzan Brooke et Josh Kronfeld, Carlos Spencer, Andrew Mehrtens, Sean Fitzpatrick, Franck Bunce… Une génération exceptionnelle. Tout le monde du rugby a été aspiré. Je l'ai vécu, en France. D'un coup, le rugby est sorti de lui-même. S'est produit comme un appel d'air. À l'intérieur même du monde du rugby, gonflé par un vent nouveau, un vent d'espoir, gorgé d'un enthousiasme pour des lendemains qui chanteraient forcément, et à l'extérieur, dans la perception de ce sport par le grand public. On devenait visibles. On n'était plus une tribu avec ses codes impénétrables, on commençait à être compris. Comme si, soudainement, *tout* le monde pouvait goûter ce spectacle aux nombreuses phases de jeu pourtant toujours aussi obscures, percevoir le plaisir que nous y prenions, à le regarder et le jouer. Merci la Coupe du monde 1999, la demi-finale folle contre les All Blacks (victoire 43-31 après avoir été mené 10-24), qui réunit un dimanche d'octobre près de neuf millions de téléspectateurs, puis la finale perdue contre l'Australie (35-12), une semaine plus tard, attirant, elle, 14 millions de téléspectateurs, record de l'année pour TF1, record de tous les temps (à l'époque) pour un match de rugby. Un an après les footballeurs champions du monde, les rugbymen avaient frôlé l'exploit. La France entière l'a su. Dominici, Benazzi, Ibanez, Lamaison, Magne, Galthié, Dourthe, Bernat-Salles, Pelous, Ntamack n'étaient plus des noms inconnus. Le ballon ovale avait pris sa place. À peine pro, il conquérait déjà de nouveaux marchés.

Nous, les rugbymen, on était fiers. Les télévisions, qui dépensaient des dizaines de millions de francs par an, en avaient pour leur argent. Les sponsors qui, pour les plus gros, dépensaient des dizaines de millions de francs par an, en avaient pour leur argent. Les dirigeants brassaient de plus en plus de millions. Les joueurs commençaient à toucher, pour les meilleurs, de beaux salaires de cadre sup. Les spectateurs payaient leurs billets de match un peu plus cher, leur abonnement à *Canal+*, pour voir du rugby plusieurs fois par week-end, pas grave, ça valait le coup – auparavant, le nombre de matches retransmis par an se comptait sur les doigts des deux mains.

Bref, tout le monde était heureux, on était en phase ascensionnelle et reconnus. En d'autres mots, l'hétéronomie qui était en train d'opérer, on s'en fichait pas mal. De toute façon, le rugby n'était pas le football, exemple à ne pas suivre : trop de fric en jeu, une éthique inexistante. Nous, aucun danger qu'on tombe dans ces travers. On dresserait des garde-fous, nos valeurs ancestrales nous protégeraient. On se mettait le doigt dans l'œil.

En moins d'une vingtaine d'années, l'évolution a été radicale. Un exemple. En 2011, le salaire moyen en première division professionnelle atteignait la barre symbolique des 10 000 euros mensuels. C'est énorme, 10 000 euros par mois. Sur un site Internet, j'avais interrogé ce niveau de rémunération en ces termes : les rugbymen sortaient définitivement du champ social des gens « normaux » – ce qu'ils avaient toujours été jusque-là, à quelques exceptions près. Les lecteurs n'avaient pas compris mon propos. En substance, leurs réactions disaient qu'on était loin du football ; et puis tant mieux pour les rugbymen s'ils gagnaient bien leur vie. Bien sûr. Mais il était fait abstraction de la trajectoire du rugby en aval de ce monde doré. Ce que pouvait révéler ce niveau colossal de rémunération de l'évolution récente du rugby et, de fait, de l'altération de sa nature profonde, était occulté. Dommage. Dommage, oui, car qui dit salaires élevés dit masse financière globale elle aussi élevée. Et qui dit masse financière globale élevée dit inévitablement importation de comportements que le rugby, du temps de l'amateurisme puis des débuts du professionnalisme, ne connaissait pas. C'est immanquable. Contrôle de l'image et du langage, désormais lissés par la nécessité d'être consensuel afin d'attirer les sponsors, de séduire sélectionneurs et recruteurs. Plus on touche, moins on l'ouvre – et pourtant, dieu sait si les joueurs auraient des raisons de l'ouvrir, surtout en France. La passion est devenue un métier. On se forme selon un cycle standardisé – oubliée, donc, la diversité. Le moule est devenu quasi universel. Le métier devient une carrière qu'il faut gérer, agent à l'appui, pour mieux négocier. Les contrats sont de plus en plus longs – en nombre de pages. Les payeurs, enorgueillis par leur réussite dans le monde de l'entreprise, attendent un retour sur investissement et introduisent des méthodes de management d'où l'affectif disparaît. Le romantisme s'est envolé. Suis-je nostalgique, alors ? Il faut vivre avec son temps, et je fais la part des choses entre l'ouverture nécessaire, l'évolution logique et la déculturation. Je regrette juste que tout soit devenu si lisse et cadenassé. Au risque de paraître naïf, je ne comprends pas pourquoi l'intrusion (massive) d'argent entraîne un tel verrouillage. C'est contre-productif. Où sont la couleur, la surprise, le verbe (à part quelques saillies provocatrices de certains présidents en mal de médiatisation) ? En janvier 2018, triste spectacle, la Fédération française de rugby a été perquisitionnée par la brigade de répression de la délinquance économique, comme l'ont été les domiciles de son président, Bernard Laporte, de son vice-président, Serge Simon, d'un conseiller, Claude Atcher, et du patron de l'entreprise « sponsor maillot » du XV de France, par ailleurs propriétaire du club de Montpellier, Mohed Altrad. Le parquet national financier enquête sur des soupçons de conflits d'intérêts. Pour autant, ce présent est-il moins vertueux que le temps des pardessus et des tyrannies présidentielles des années 1970, 1980, 1990 ? Époque où, par exemple, des carrières internationales pouvaient se faire ou se défaire sur simple humeur du président de la Fédération. Où des titres de champion de France pouvaient être attribués à la gueule du client en faisant peser des pressions à peine voilées sur l'arbitrage. Époque, aussi, des enveloppes de billets à la fin du mois...

Il me semble qu'avec le professionnalisme, le rugby français a manqué, faute de maîtrise, de vision et de consensus politique, l'occasion de se rationaliser. Aujourd'hui, il est riche, certes. Le plus riche du monde – et, sans mauvais jeu de mots, c'est à mettre à son crédit. Mais l'état moribond de notre équipe nationale est une preuve incontestable de son ratage. Cette déliquescence de l'équipe de France est source d'une immense tristesse, un presque désenchantement – une erreur stratégique magistrale qu'il sera difficile de rattraper. On peut, là, je crois, parler de déculturation. De tout temps, le XV de France a été la vitrine, la locomotive, l'étendard, qualifions-la comme on veut, celle par qui la passion du rugby de tant de gens est née. Ce XV de France présente depuis 2012 un taux de victoire inférieur à 50 % (40,85 – exactement), du jamais vu depuis la Seconde Guerre mondiale. Ce taux ne fait d'ailleurs que décroître : 33,78 % depuis 2016 ; 31,25 depuis 2018. On est loin de la moyenne établie depuis le premier match international des Bleus, en 1906 (55,79 %). À titre de comparaison, la Nouvelle-Zélande affiche 90 % de succès sur la même période. L'équipe de France ne fait plus rêver, on a même peine à la voir jouer. Comment admettre que le professionnalisme, vecteur supposé de progrès, ait permis une telle déconfiture – illustrée sans équivoque par la dernière défaite en Coupe du monde (62-13 contre l'étalon all black, en quart de finale) en 2015, puis par un triste match nul contre le Japon (23-23), en novembre 2017, et une défaite contre les îles Fidji un an après, au Stade de France (14-21) ? Il eut fallu que tout le monde tire dans le même sens et, dès le départ, que l'esprit collectif du rugby irrigue au-delà du terrain, que cessent les guerres des egos et des chapelles. Qu'un dessein commun soit tracé. Au contraire, la professionnalisation a tout exacerbé.

Chapitre 11
Visage masqué, ils votèrent pour

En surface, on trouve des grandes dates. Et tout autour, popularisée, une histoire rectiligne, presque un conte, qui mythifie l'invention fantasque originelle, puis des exploits, des équipes, des personnages. À la vitesse où vont les choses, on ne s'embarrasse plus d'un retour aux racines – le rugby est professionnel comme si cela avait toujours été et serait toujours –, d'un retour fouillé, veux-je dire, ni des péripéties, ces soubresauts dans lesquels, pourtant, tout le présent réside. Je ne veux pas oublier l'année 1995. Le décollage de la fusée. Les convulsions, bien plus nombreuses qu'on croit se souvenir. Le basculement qui s'est produit, dans le monde du rugby, dans les années 1980 et 1990, est fascinant. C'est un changement d'époque brutal, une rupture d'avec une marche voulue lente et recluse et, de fait, anachronique, rupture intervenue au sein d'un microcosme qui vivait jusque-là dans une bulle. Une vraie page d'histoire s'est écrite, qui parle, à sa manière, de notre monde.

Le 26 août 1995, Bernard Lapasset, président de la Fédération française de rugby, qui assure alors la présidence tournante de l'International Rugby Board (IRB), la Fédération internationale, remet sa mèche en place, comme chaque fois qu'il va prendre la parole. Il vient de passer quarante-huit heures enfermé dans les salons de l'hôtel Ambassador, sur le boulevard Haussmann à Paris, en compagnie des autres membres du comité exécutif de l'IRB. Les médias attendent la confirmation de ce que le monde du rugby sait inéluctable. Deux mois auparavant, les Sud-Africains ont soulevé le trophée William Webb Ellis de la troisième Coupe du monde qui fut, sur leur sol, un succès sportif, populaire et financier (27 millions d'euros de bénéfices). L'événement a été marqué du sceau de l'histoire : la réconciliation, déjà, pense-t-on, des peuples noir et blanc, incarnée par l'image de Nelson Mandela portant maillot et casquette des Springboks lors de la finale, a fait le tour du monde. Lapasset déclare : « 1995 marque une révolution. Le conseil vient en effet de décider de modifier les règles de participation à notre jeu de rugby, règles qu'on appelait autrefois les règles de l'amateurisme. » Il s'agit en réalité d'une annulation pure et simple de l'obligation de statut amateur, à la suite de laquelle, précise le communiqué officiel, « le rugby deviendra un jeu "open" et il n'y aura pas d'interdiction de paiement ou de toute autre forme de profit des personnes participant au jeu ». En quarante-huit heures, l'amateurisme et ses valeurs intouchables sur lesquelles les dirigeants du rugby, Britanniques en tête, sont restés arc-boutés pendant cent cinquante ans sont renvoyés à *autrefois*, une forme de préhistoire. Lors du vote entérinant ce renversement qu'ils pressentent aussi puissant qu'un raz-de-marée, certains membres du conseil lèvent la main en se masquant le visage. De honte. D'affliction. La Coupe du monde de rugby existe depuis moins de dix ans. Ils sont acculés par la menace de création de circuits professionnels dissidents. Il n'a pas fallu une décennie pour que tout explose. Mais comment tout a-t-il explosé alors que, justement, la Coupe du monde devait endiguer le danger ? Pour comprendre, il faut voyager dans le temps. Retour en Angleterre, en 1893.

À la fin du XIXe siècle, le *rugby football* – c'est encore son appellation – s'est affranchi des barrières sociales. À l'origine pratiqué exclusivement par les élèves des *public schools*, ces collèges-lycées réservés aux fils de l'aristocratie, il est, depuis les années 1880, aussi le jeu du peuple, pratiqué par des mineurs et des ouvriers, notamment dans le Yorkshire et le Lancashire, comtés miniers du nord de l'Angleterre. Les aristos découvrent le talent de ces joueurs aux mains calleuses en même temps que l'existence de villages qui leur étaient jusqu'alors inconnus. Dans ces régions, les stades sont pleins. L'aristocratie s'accommode des manières rustaudes et des mains sales de ces joueurs qui élèvent le niveau de l'équipe nationale. Jusqu'au jour où, blasphème, les rustauds réclament, pour jouer, rendez-vous compte, un dédommagement, afin de compenser la perte de salaire consécutive aux heures qu'ils consacrent au rugby. C'est, cette fois, intolérable. Illico, la Fédération anglaise renforce son règlement et, désormais, seuls les clubs composés exclusivement d'amateurs peuvent en être membre. Deux ans plus tard, c'est la sécession. En 1895, 22 clubs, parmi les plus puissants du nord de l'Angleterre, créent leur propre fédération, la Northern Union. Cette fédération prendra le nom de Rugby League en 1923 et changera dès 1904 les règles de son jeu pour créer un autre « code », le rugby à XIII (deux joueurs en moins, pas de plaquage mais un tenu, arrêt du jeu à chaque tenu, mêlée symbolique, jeu plus individuel). La scission est définitive. Un épisode similaire se produira en France, entre 1931 et 1934, qui conduira à la naissance du jeu à XIII dans l'Hexagone. Que nous enseigne cet événement ? Il parle de posture, d'idéal et de protectionnisme, peut-être bien d'hypocrisie, voire d'aveuglement. Et tous ces éléments constituent tout autant les racines du rugby à XV, au moins celui du XXe siècle, que la règle du hors-jeu ou la forme du ballon.

Le rugby est né, conte la légende, le jour où, pendant une partie de football, un jeune étudiant irlandais de la *public school* de la ville de Rugby s'empare du ballon à la main pour le porter derrière la ligne de but, enfreignant, dans un élan fantaisiste et rebelle, les règles qui imposent le jeu au pied. On est en 1823, l'étudiant se nomme William Webb Ellis. Il deviendra révérend anglican sans jamais rien savoir de la portée de ce geste rugbystique originel, qui sera rapporté en 1895 par un unique témoin (le pauvre Webb Ellis est mort depuis vingt-trois ans) cru sur parole. Ainsi naît la légende. Elle vaut à Webb Ellis une statue devant la *public school* de Rugby et l'entretien par la Fédération française de sa tombe à Menton, dans le sud-est de la France, où il décéda en 1872.

Face à ce récit farfelu et simpliste, il est permis, salutaire même, de faire un pas de côté. On en comprendra mieux la suite de l'histoire. L'acte fondateur d'Ellis a probablement existé. Et si ce n'est le sien, celui d'un autre. Il a bien fallu que surgisse puis soit mise en pratique l'idée de jouer le football à la main et plus seulement avec le pied. Cela s'est produit à Rugby. Ce peut être un hasard, mais cela a son importance. La *public school* de Rugby, c'est le haut du panier, et le haut du panier considère le football vulgaire, plébiscité par la bourgeoisie qui éclot à la faveur de la révolution industrielle et de l'affirmation de l'Angleterre comme première puissance économique mondiale. C'est l'époque victorienne. Le sport est introduit dans l'éducation des élites comme outil pédagogique de formation aux principes de compétition, de concurrence, de sélection et d'auto-organisation – ce qui colle parfaitement avec le capitalisme naissant. Des pratiques empiriques, parfois propres à chaque *public school*, sont codifiées. Naissent alors des rivalités. Notamment entre le football et son code dissident, le football pratiqué à Rugby, le *Rugby football*, violent, désordonné et possiblement joué à la main. On compte des partisans de l'un, des défenseurs de l'autre, des rapprochements sont tentés. Jamais les deux codes ne seront réunifiés. D'abord édictées par les étudiants de Rugby en 1846, les règles (37, à l'origine), cette fois uniformisées du *Rugby football*, sont officialisées en juin 1871 par la toute récente Rugby Football Union (la Fédération anglaise de rugby porte toujours ce nom). Il y en a alors 59 – rien que ça. On s'adresse, souvenez-vous, à l'élite de l'élite, qui saura en saisir la complexité puis la revendiquer et, surtout, en faire un commerce d'initiés. Ainsi se crée, dès l'origine, une petite coterie aristocratique, tournée sur elle-même, gardienne du temple des principes fondateurs qu'elle ne reniera sous aucun prétexte, et surtout pas celui de la modernité. Parmi ces principes, l'amateurisme est évidemment brandi comme un étendard. Il ne pouvait y avoir que des aristocrates pour le porter si haut, si farouchement, si mordicus et, je l'ai écrit, avec tant d'hypocrisie – mais peut-on parler d'hypocrisie quand il s'agit, en réalité, d'une stratégie ? Opposer le sport amateur au sport professionnel, c'est opposer le loisir au travail – et qui peut s'offrir ce luxe, sinon des aristocrates fortunés ? – en appuyant, de surcroît, bien fort sur quelques valeurs morales, réelles ou supposées, néanmoins clamées, comme le désintéressement, le plaisir du jeu avant la quête du résultat, ou le fair-play. C'est, comme le dit l'anthropologue Sébastien Darbon, dans *L'Ovale dans la lucarne* (2007), « une idéologie profondément élitiste qui a pour objectif d'exclure la classe ouvrière naissante des compétitions ». L'idéologie perdurera encore plus de cent ans, non sans soubresauts ni assauts ; mais elle tiendra.

Retour en avant. Londres, années 1980, East India Club, non loin de Picadilly Circus. Des hommes en smoking dînent. Boiserie, tissus épais et cuir patiné, parquet laqué, lourdes portes, Brandy et autres alcools pour finir la soirée – des images du Centaur Club de Blake et Mortimer me traversent l'esprit. C'est la session annuelle du Board, le comité exécutif de l'IRB. Parmi ces hommes costumés, le Français Marcel Martin. J'ai rencontré Marcel Martin en 2012 et 2014, il avait plus de quatre-vingts ans et livrait ses souvenirs avec beaucoup d'acuité. Dans les années 1980, le Board rassemble les huit nations majeures (Écosse, pays de Galles, Irlande, Angleterre, appelées « home unions » – le berceau –, Afrique du Sud, Australie, Nouvelle-Zélande, France), qui se partagent la présidence tournante et disposent de deux sièges et de deux voix chacune. L'IRB n'a pas de siège social, ne compte aucun employé, seulement « un secrétaire bénévole, dont l'épouse tapait les minutes des réunions, se souvient Marcel Martin, représentant français à l'époque, donc, au côté du président de la FFR Albert Ferrasse. Et pour faire une photocopie, poursuit-il, il fallait courir au drugstore du coin ». « L'IRB, ajoute-t-il, ne vivait pas, n'avait pas de budget. » Deux événements se produisent alors qui forcent cette organisation à mettre un pied dans la modernité. Rappelons-le, les voitures à chevaux et les réverbères à gaz n'existent plus ; voilà déjà plus de dix ans qu'Armstrong a marché sur la Lune et que les Beatles se sont séparés, Mikhaïl Gorbatchev s'apprête à accéder au pouvoir en URSS et Jacques Chirac à promettre de se baigner dans la Seine. Un Australien visionnaire et audacieux, du nom de David Lord, projette, en 1983, la création d'une Coupe du monde de rugby privée. Il engagerait des joueurs, environ 200, et les paierait. Des montants fuitent – sacrilège, il est question d'argent, ouvertement. Il ne manque à Lord « que » sponsors et diffuseurs. Selon un procédé coercitif, qui rappelle celui de 1893 et qu'elles ont employé tout au long du XXe siècle pour des problèmes de moindre envergure, les fédérations menacent de radiation les joueurs qui suivraient ce projet. Leurs partenaires habituels refusent de les trahir, ouf. Dans un sens, le monde du rugby fait corps et Lord jette l'éponge. Il est arrivé trop tôt. Les chaînes à péage, les canaux de diffusion par câble et satellite n'existent pas encore (ils joueront le rôle de détonateur en 1995). Mais le coup est passé près. En réaction, et après une étude de faisabilité garantissant qu'une Coupe du monde gérée par l'IRB devrait éviter toute nouvelle tentative de professionnalisation, les autorités en smoking valident, en 1985, la création d'une compétition planétaire, dont la première édition se déroulera en 1987 en Nouvelle-Zélande et en Australie. Étaient-elles si naïves pour croire pareille prophétie ? La Coupe du monde organisée tous les quatre ans va se révéler un accélérateur inexorable de la mutation.

À ce stade, il n'est plus question d'hypocrisie mais d'une schizophrénie qui va perdre les dirigeants du rugby mondial. Parlons de leur rapport à l'argent, forcément sale, corrupteur, qui pervertit l'esprit des joueurs, mais jamais le leur. Tant qu'elle ne tombe pas dans la poche des principaux acteurs du jeu, la monnaie est bonne à prendre et à multiplier, et la Coupe du monde va en être le principal vecteur. Je constate combien ces ardents défenseurs refusaient de voir s'immiscer dans « leur » sport l'argent qui, dans le vrai monde, avait fait leur fortune – se croyaient-ils, eux, d'une moralité si probe qu'elle leur permettait d'échapper au vice qui gangrène les esprits faibles ? J'ai appris comment ces hommes ont, dès les premières recettes engrangées, cherché à en tirer les meilleurs bénéfices, animés soudain d'une préoccupation comptable insoupçonnée.

Deuxième événement, 1986. L'IRB organise deux matches de gala pour son centenaire. Recette nette : 500 000 livres sterling (environ 750 000 euros), autant dire un pactole. « D'un coup, le Board avait à faire face à deux problèmes, se souvient Marcel Martin. Il fallait à l'intérieur du Board désigner quelqu'un pour gérer les finances, parce qu'avant il n'y avait pas de finances. Et le Board étant résident en Grande-Bretagne, ce surplus était taxable à 38 %. » Horreur. Martin, seul parmi les 16 membres du Board à disposer d'une expérience financière solide – il est cadre à la Mobil Oil Française –, se retrouve, comme il le dit, « bombardé trésorier de l'IRB ». « Le Board, ajoute-t-il, a commencé à réfléchir à des moyens pour éviter de payer des taxes. » Après l'édition inaugurale de la Coupe du monde en 1987, flairant les profits de la suivante, Marcel Martin cherche, pour y domicilier les structures gérant l'événement, un paradis fiscal. En 1989, alors que le siège de l'IRB est installé à Bristol en Angleterre, un savant montage (que toute multinationale aujourd'hui connaît) est réalisé, qui comprend trois structures : une maison-mère, basée sur l'île de Man, possède tous les droits commerciaux ; une filiale, implantée à Rotterdam aux Pays-Bas pour bénéficier des meilleurs accords de non double taxation, commercialise la Coupe du monde ; un trust distribue les fonds à l'IRB ainsi qu'aux fédérations membres. L'IRB organise les flux financiers entre elles de sorte à échapper le plus possible à l'impôt. « À la sortie, se souvient Martin, on payait 1,75 % de taxe sur le total. C'était un système extraordinaire. » Ce montage perdurera jusqu'en 1997, date à laquelle l'IRB s'installera à Dublin pour, toujours selon Marcel Martin, « bénéficier du meilleur statut fiscal du monde » (pour une fédération sportive), comme il le rapporte dans son ouvrage *La Coupe du monde de rugby, histoires connues et inconnues*, paru en 2007.

Sur le plan sportif, chaque (grande) nation fait désormais de la Coupe du monde un objectif prioritaire.

C'est la course à celui qui s'entraînera le mieux – sous couvert d'amateurisme, bien entendu. La position semble déjà intenable. Comment répondre à de telles exigences sans faire des joueurs des (presque) professionnels, même momentanément, et sans accepter de les rémunérer en contrepartie des efforts consentis ? D'autant que, dès 1991, c'est le grand boom économique. On parle de programme commercial, de produits dérivés, d'hospitalité, de droits TV, on vend au plus offrant : TF1, par exemple, passe devant France Télévisions, le diffuseur historique du rugby en France, pour un million de francs de mieux-disant (150 000 euros, une broutille aujourd'hui). Comment, dans ces conditions, imaginer que les joueurs, les principaux acteurs de l'événement, faut-il le rappeler, ne bénéficient pas eux aussi de ces retombées commerciales ? Comment pourraient-ils se contenter des miettes sans réclamer ? De fait, ils réclament.

Le 19 octobre 1991, la France doit affronter l'Angleterre en quarts de finale, au Parc des Princes (ce match, perdu 19-10, est un désastre). À Hendaye, où ils préparent la rencontre, les Français menacent de faire grève. La Fédération française de rugby tergiverse, et c'est finalement Serge Kampf, le patron milliardaire de Cap Gemini, introduit dans le rugby lors du Mondial précédent en offrant à tout bout de champ des montres à 80 000 francs, qui règle la note en secret : 200 000 francs par joueur (30 000 euros). Le rugby est amateur, hein, mais les enveloppes circulent, auxquelles on ajoute, souvent, des avantages en nature ou des primes à la signature, en France depuis presque toujours, et dans toutes les grandes nations de rugby. Les fédérations savent. Peuvent-elles décapiter leurs équipes nationales ? La tournée des « Cavaliers », dès 1986, illustre le vacillement et la duplicité générale. Les All Blacks bravent, contre l'avis de leur propre fédération et de l'IRB, le boycott de l'Afrique du Sud pour cause d'apartheid et partent, sous le nom de « Cavaliers », puisqu'ils sont dissidents, disputer 12 matches au pays des Springboks. Une somme rondelette leur a été promise : 60 000 euros chacun, un peu plus, un peu moins selon les sources, versés sur un compte à Hong Kong et payés par l'Afrique du Sud, elle-même membre du Board. À leur retour, les renégats, qui auraient pu être radiés à vie, sont suspendus pour deux matches, avant que la Fédération néo-zélandaise ne les réintègre pour ne pas hypothéquer plus longtemps les résultats de sa sélection. Un an plus tard, les All Blacks sont les premiers champions du monde de l'histoire. Ces années-là, d'autres joueurs quittent le rugby à XV pour monnayer leur talent au rugby à XIII, qui paye, lui, sans scrupule, des Néo-Zélandais, des Gallois, souvent. Les départs, l'argent sous la table, la dissidence ; tel est le prix à payer pour le maintien – coûte que coûte, c'est le cas de le dire – de l'amateurisme.

En 1995, quand se profile la troisième Coupe du monde en Afrique du Sud, l'IRB ne contrôle plus grand-chose. Ce n'est pas encore le naufrage du *Titanic*, mais l'iceberg n'est pas loin. La coque fuit, la machinerie toussote ; on fomente des mutineries. On se regarde presque enfin dans le miroir. En mars, le Gallois Vernon Pugh s'adresse à ses confrères du Board : « Nous sommes tous en infraction avec nos règles. Alors, soit on les change, soit on se sépare de tous les fautifs. » Et c'est là que deux bateaux pirates, masqués par la brume, intègrent le tableau – tout en se tirant dessus. On est loin, très loin, du conte de fées d'un Jonah Lomu convaincant par ses seuls exploits un richissime magnat des médias d'investir dans le rugby.

Il faut résumer et ce n'est pas simple. Aux commandes des vaisseaux pirates, deux vampires australiens (oui, encore, il faut croire que le nouveau monde avait une dent contre son ancien tuteur) : Kerry

Packer et Rupert Murdoch. Le premier est roi des médias en son pays, où il détient notamment les droits du rugby à XIII, bien plus populaire, au royaume des kangourous, que celui à XV. Le deuxième, devenu citoyen américain, possède le réseau *Sky*, *Fox News*, la *20th Century Fox*, le *Times*, le *New York Post*, etc. Murdoch allume la mèche en créant, pour alimenter ses nouveaux canaux satellites, une ligue rivale de rugby à XIII en Australie. Packer contre-attaque et lance un projet de circuit professionnel de rugby à XV, sport encore sous-exploité, pour affaiblir le XIII, qui lui échappe. Il contacte les joueurs directement, c'est là sa force. Ses émissaires partent en Afrique du Sud, pendant la Coupe du monde, précontrats et stylo à bille dans l'attaché-case. On imagine l'incendie. Pour l'hémisphère sud, surtout, où déjà les millions de la nouvelle ligue de XIII de Murdoch donnent le tournis aux joueurs de XV, prêts à tout pour enfin devenir pro. Murdoch n'est pas non plus indifférent au XV. Quelque temps plus tôt, il a fait une offre d'achat de la Coupe du monde – oui, carrément. Certains dirigeants n'ont pas oublié, et voilà les présidents sud-africain et australien qui sautent dans un avion pour Londres en plein Mondial et y signent, au nom des trois nations majeures de l'hémisphère sud (Australie, Afrique du

Sud et Nouvelle-Zélande), avec la News Corporation de Murdoch, un contrat de dix ans, d'un montant énorme pour l'époque: 550 millions de dollars US (2,8 milliards de francs).

Sauvés ! Croient-ils... Le contrat prévoit la création d'une compétition transcontinentale de provinces franchisées (le Super 12), et une compétition entre les trois équipes nationales (le Tri-Nations), dans lesquelles doivent être alignées les vedettes. Mais les vedettes n'ont pas été consultées. Les vedettes n'ont pas apprécié d'apprendre la nouvelle dans les journaux la veille de la finale de la Coupe du monde. Or elles disposent d'un moyen de pression qui, cette fois, balaye toute possibilité d'action coercitive : les contrats Packer. Alors, on négocie. En groupe. En solo. Des syndicats se créent, des francs-tireurs se dévoilent. Les fédérations le savent, elles vont devoir se saigner. Elles font des ponts d'or aux vedettes, qui cèdent, et ce sont alors les joueurs sans renommée qui revendiquent. Mais sans stars, le projet Packer s'affaiblit. Murdoch finit de lui savonner la planche en retournant son diffuseur, qui se dédit. Pour Packer, il est temps de faire les comptes. Cette lutte, qui dure depuis six mois, n'a plus de sens. Comment deux spectacles aussi ressemblants, s'ils devaient coexister, parviendraient-ils à attirer les investisseurs ? Ce serait un boulevard pour le XIII, donc pour Murdoch qui, décidément, le cerne. Les deux hommes se rencontrent à Londres le 14 août 1995 et fument le calumet de la paix sur les cendres du rugby amateur. Packer abandonne. Pas sans rien. Avec son rival, ils se partagent la diffusion des juteuses courses hippiques australiennes. Mieux vaut faire des affaires que s'entre-tuer. Le rugby, soudain, petite case sur un plateau de *Monopoly*, sort du cyclone. Mais le doigt est dans l'engrenage.

Le 26 août, dans les salons de l'hôtel *Ambassador* à Paris, Bernard Lapasset ose s'enorgueillir du « courage des membres du Board, qui ont tiré les conséquences de l'évolution du jeu de haut niveau ». En vérité, comme l'a écrit si justement, sans masquer son dégoût, Marc van Moere quelques jours plus tôt dans *L'Équipe*, les endormis de l'establishment n'ont fait que se précipiter à la poursuite de leurs cochons de joueurs en agitant leur carnet de chèques. Vrai. Mais le pas est franchi. Le rugby est désormais open. Pour le meilleur et pour le pire. Au regard de son histoire, c'est un coup de tonnerre. Au regard, un quart de siècle après, de ce qu'il est devenu, on peut affirmer que c'en était bien un.

Chapitre 12
Rugby à deux têtes, les racines du mal

On aurait pu croire qu'après tant de secousses et le pas enfin franchi, l'histoire allait suivre son cours sans plus de hoquets ni de contre-pieds. Mauvaise pioche. En ouvrant le rugby à tous les vents, en laissant la liberté à chaque nation d'opérer la mutation comme elle l'entend, et donc en s'effaçant, les instances du rugby international inscrivent immédiatement leur sport dans l'air du temps (néolibéral) : la compétition œil pour œil, dent pour dent, sur le terrain comme en dehors. Certains posent des cadres, fixent des caps, avec une intention précise. En France, premier rebond imprévisible du ballon, trois semaines après avoir officialisé l'ouverture au professionnalisme sous la casquette de président de l'IRB, le président de la Fédération française de rugby, Bernard Lapasset, affirme, dans un grand écart dont lui seul a le secret, que « le rugby français a choisi de ne pas devenir professionnel ». Le désordre commence. Il débouchera sur la création, trois ans plus tard, en 1998, de la Ligue nationale de rugby, chargée du secteur professionnel. Mais, entretemps, auront été semés les germes de la situation inextricable dans laquelle le rugby français d'aujourd'hui se trouve, ce rugby bicéphale avec ses relations fratricides, raison principale de la déliquescence du XV de France.

Il faut, pour comprendre, saisir l'époque. S'y replonger, sans le recul historique dont nous bénéficions. Le rugby est encore un train à vapeur. Depuis un moment, il accélère et, soudain, il se transforme en train Corail (puis en TGV), tout en continuant d'avancer. Il n'y a pas d'arrêt au stand. On passe de l'âge de pierre à l'ère moderne en un claquement de doigts. Le train file à toute allure et c'est toute sa structure qu'il faut conformer tandis qu'il accélère encore ; le monde s'accroche en même temps qu'on bricole, bringuebalé par les traverses et les aiguillages. Cela demande de la coopération – de la quoi ? À chaque pays son train, sa méthode, son modèle. Et c'est la course des trains. En France, le conducteur veut surtout rester conducteur. Alors il jette des peaux de banane sous les pieds de l'équipage qui se mutine. Le train, qui avance sans destination précise, fait des embardées. Les passagers sont ballottés, éjectés même, parfois. Quel est ce cirque ? Plonger dans les archives de cette période (1995-1998) est stupéfiant. Les termes employés dans les titres et le corps des articles révèlent un climat délétère. Lutte, clash, crise, guerre ouverte, apaisement, parfois, mais rarement. Les tensions sont permanentes. On (re) découvre qu'il faut l'intervention de la ministre des Sports, Marie-Georges Buffet, et pas qu'une fois, pour qu'enfin soit créée cette ligue que la loi exige. Mais, bon sang de bois, que se passe-t-il ? Une triste affaire d'ego(s). Un derrière crispé sur un trône, tenaillé par la peur de se faire piquer son sceptre et sa bourse par une bourgeoisie revendicatrice, qui piaffe depuis longtemps, et croit enfin tenir l'occasion de s'émanciper d'un pouvoir fédéral qu'elle juge dictatorial. Tous savent, ils me l'ont répété quinze ans après, que la mutation est « inéluctable ». Alors ? Les meilleurs clubs veulent immédiatement créer une élite resserrée pour élever le niveau sportif et attirer diffuseurs et sponsors, quitte à laisser du monde sur le carreau – principe de compétition darwinienne. Lapasset craint ce contre-pouvoir émergent et fait tout pour en retarder l'affirmation. Les clubs plus modestes ont peur de disparaître et veulent tirer leur part du gâteau. Sortez les six-coups. Pendant ce temps, la Nouvelle-Zélande, elle, a déjà mis sur pied un système pyramidal : les clubs sont au service des équipes de province, elles, au service des franchises, elles-mêmes au service de l'équipe nationale. Seul compte le projet sportif, développé dans un cadre protecteur. On connaît le résultat : une des plus grandes épopées sportives de tous les temps, toutes disciplines confondues. En France, l'intérêt supérieur reste un concept inaccessible. On préfère se flinguer façon *Le Parrain*, embuscades et vendetta.

Outre le retard pris au plan sportif et qui ne sera jamais que momentanément rattrapé, à la faveur d'exploits malheureusement sans lendemain mais toujours révélateurs du potentiel immense de notre rugby (bonjour la frustration), se plantent un décor, une ambiance, le cadre de petits arrangements entre amis, d'alliances de circonstances, de promesses pour emporter l'adhésion du plus grand nombre. Ainsi, en juillet 1998, et après des mois de manœuvres, Serge Blanco, l'ancien arrière du XV de France et du Biarritz Olympique, dont il est devenu le président, accède à la présidence de la LNR naissante, soutenu par les clubs les plus petits, heureux d'en être (dont le sien).

Son projet sportif est le moins ambitieux : il propose une élite… élargie, avec première division à 24 clubs et formule de championnat forcément alambiquée. Il sort du dessous de son imperméable un contrat de diffusion plein de millions signé avec *Canal+*, où il était consultant depuis plusieurs saisons, et un autre avec une agence de marketing sportif qui promet plein de sponsors et encore d'autres millions. Les grands clubs sont furax. Lapasset tremble-t-il ? Pour le moment, il contemple, goguenard, la zizanie qu'il a semée. Mais en retardant avec tant de zèle l'éclosion de ce contre-pouvoir (32 clubs alors, 30 depuis 2005), certes encore désuni, il l'a rendu vengeur – s'en est-il seulement rendu compte ? Il n'était qu'un héritier, c'est vrai, comme l'étaient d'ailleurs, dans le camp d'en face, les présidents de club de cette époque, d'une histoire jalonnée par les oppositions entre les clubs et leur fédération de tutelle, souvent autoritaire. Les épisodes les plus marquants de cette histoire restent la scission des années 1930, qui conduisit à la création du jeu à XIII en France, la crise du début des années 1950, toujours pour préserver l'amateurisme, avec annulation momentanée du championnat et fronde des clubs, et, disséminées un peu partout, les licences rouges distribuées, à la tête du client, aux internationaux qui osaient muter et se voyaient interdire une saison durant l'équipe première de leur nouveau club (il fallait bien, n'est-ce pas, tester la motivation de leur engagement). Ce goût de revanche des clubs envers la maison-mère existe encore. Il me semble inscrit dans les gènes de l'institution LNR et se transmettre de génération en génération de présidents de club. Quel héritage.

Le rapport avec le XV de France, le voici. En mars 2010, je publiais pour mon site Internet un article intitulé : « Thierry Dusautoir et le rugby à deux têtes ». Contrairement à aujourd'hui, je n'étais pas entré dans le détail des origines de la structure bicéphale, je m'étais juste intéressé au nombre de matches que jouait chaque saison le capitaine du XV de France, tiraillé entre son club (Biarritz, puis le Stade toulousain) et la sélection, pour le comparer à celui de son illustre émule, le Néo-Zélandais Richie McCaw, lui pas du tout tiraillé. Le résultat était confondant – et il le serait toujours, puisque rien n'a changé. Chaque année depuis 2005, McCaw jouait 12 matches de moins que Dusautoir, c'est-à-dire l'équivalent de trois mois de compétition, qu'il passait à se reposer ou à se préparer. Imagine-t-on l'effet sur le corps de l'un et sur celui de l'autre ? Et sur la fraîcheur mentale, quand ce qu'il reste de goût finit, sous les coups de l'usure, par se muer en devoir ? J'imagine surtout ce qu'aurait donné Dusautoir sur un terrain s'il n'avait pas été lessivé par notre système. Mais il était impensable que le club qui payait – grassement – Dusautoir renonce à l'aligner, c'est-à-dire se sacrifie, sous prétexte de le reposer dans l'optique de joutes internationales, bien que ce soit arrivé. De même, il était impensable que la fédération qui le payait – grassement, elle aussi – ne sélectionne pas le capitaine de son équipe nationale sous prétexte de lui laisser du jus pour les échéances avec son club, aussi importantes fussent-elles. Quadrature du cercle. Calendrier incohérent où tout s'entremêle – championnat, Coupe d'Europe et XV de France. Rugby à deux têtes. Aurait-il fallu en couper une ?

Tout cela est aberrant. L'argument, à l'époque, et qui perdura toutes les années qui suivirent, pour expliquer cette progression à tâtons, était de préserver un système et sa culture, de ne pas renoncer au folklore, ni à ses racines. Je crains malheureusement que tout se soit déroulé à l'envers. Combien de clubs historiques du rugby français, qui ne soient pas implantés dans une ville de plus de 100 000 habitants, jouent encore durablement les premiers rôles en première division ? Un seul, Castres. Combien ont fait faillite ? Une demi-douzaine, facile (je ne compte pas les sauvetages in extremis par abandon de créances ou recapitalisation). Quel club professionnel aligne une majorité de joueurs de son terroir ? Aucun. Les clubs de première division ne ressemblent-ils pas à des équipes de province ? Si. Les flux financiers ont-ils été contrôlés de sorte à se prémunir contre la loi du plus riche ? Non. Le XV de France, historiquement l'une des cinq meilleures équipes nationales du monde en 1995, réputée notamment pour la qualité de son jeu, a-t-il tenu son rang et perpétué la tradition ? Non ; c'est même le trou noir depuis 2012. Tout le rugby français, c'est-à-dire clubs et fédération main dans la main, travaille-t-il à un projet commun, fort, en faveur de son équipe nationale ? Certainement pas. Ce qui s'est créé, en ne créant donc rien, c'est un univers férocement concurrentiel et individualiste – fédération contre clubs, clubs contre clubs – où, malgré le système de redistribution des recettes mis en place par la LNR pour gommer tant que possible les inégalités, prévaut la loi du plus fort économiquement. Qui ne peut suivre le rythme de croissance « pète », comme on le dit d'un cycliste qui ne peut plus suivre dans l'ascension d'un col et s'écarte. Et tant pis pour lui. Je dresse ce tableau et le chagrin me gagne. Je ne parviens pas à garder de la distance. L'allégorie avec le vrai monde est d'un tel mimétisme. Qu'ont-ils fait de notre rugby ? Tant d'étrangers jouent dans notre championnat qu'on manque de troupes pour garnir les rangs de l'équipe de France. Tant de pression pèse sur les clubs pour ne pas descendre en division inférieure en cas de saison manquée (deux descentes sur 14 clubs) que le goût du jeu s'est perdu sous le poids de l'enjeu. Le petit bras a remplacé le flair. Le choc frontal a remplacé l'évitement – il y a des exceptions, et heureusement.

Dans les années 1990, je me souviens, on raillait les Anglais et leur rugby sans inspiration, on moquait les Irlandais, leur quart d'heure de *fighting spirit*, et puis plus rien. Ces nations, aujourd'hui, nous font la leçon. La culture que l'on disait vouloir préserver, cette culture qui, en 1991 et en 1994, fut à la base des essais mémorables dont j'ai déjà parlé, n'est plus ; il faut se l'avouer. Est-il pensable qu'un tel héritage ait été dilapidé en si peu de temps ? En 2014, pour la première fois, le budget de la Ligue dépassait celui de la Fédération (115 millions d'euros contre 107). Depuis, l'écart se creuse (139 contre 104 en 2018-2019). C'est un symbole. Mais qu'est-ce qu'il parle.

Il hurle, même, que le projet commun n'est pas pour demain.

En 2007, je suivais les Néo-Zélandais pendant l'été qui précédait la Coupe du monde. Les annonces de signatures de All Blacks dans des clubs européens après le Mondial tombaient les unes après les autres (Kelleher, McAllister, Mauger, Hayman...). Pour la première fois, des joueurs qui pouvaient encore prétendre à la sélection préféraient les contrats juteux du Vieux Continent. Bien sûr, le phénomène inquiétait le monde du rugby kiwi. Voici ce que me dirent, là-bas, mes confrères, les membres du staff des All Blacks, et les observateurs en tout genre : « Que sera votre équipe nationale dans dix ans ? » Comme, diable, ils avaient raison. Eux ont intensifié leur formation. Prenez-leur un joueur, ils en sortent deux, ils en sortent trois. Ils ont un plan. Ils ont profité du professionnalisme pour transcender leur histoire et leur culture ; ils jouent encore mieux qu'avant. Fin 2018, la France était classée neuvième nation mondiale, devancée par les Fidji – dont tant de joueurs évoluent en France, beau pied de nez – et l'Écosse, qui compte deux équipes professionnelles. Plus haut, je soulignais le niveau de rémunération de Dusautoir. Ce n'était pas par pur sensationnalisme, mais pour avancer une explication au silence assourdissant des principaux acteurs du jeu sur le rôle qu'on leur fait jouer dans ce sinistre conte, joueurs payés, pour les internationaux, par leur club et par leur fédération, les deux rémunérations se cumulant pendant les périodes internationales – jackpot, double jackpot. L'amateurisme frise l'apoplexie dans son cercueil. Et le XV de France se meurt.

CHAPITRE 13

Coefficient multiplicateur

Mon premier réflexe avait été d'avancer des données chiffrées. Mon interlocuteur, François Ruffin (voir chapitre 10), insistait : en quoi la multiplication des courses, des plaquages ou des passes, ou la baisse du nombre de mêlées, effets notoires de la professionnalisation, intensifiait-elle mon plaisir de regarder un match ?

Comparer le plaisir éprouvé à différentes époques n'a pas de sens – le plaisir est, justement, intimement lié à une époque et un contexte. En revanche, poser la question de son intensification en a. En creux, interrogeait mon contradicteur, dans quoi résidait le goût de ce rugby multiplié ? Précisément dans sa multiplication. Dans le foisonnement d'événements de qualité qui se produisent au cours d'un match. Les journalistes en fin de carrière que j'ai côtoyés au début de la mienne rappelaient souvent combien le spectacle (ils parlaient de « niveau de jeu »), avant le milieu des années 1990, pouvait ne pas en être un – ce que, trop souvent, le souvenir de quelques exploits fait oublier. Je me suis soudain vu devant l'un de ces films d'action, où se succèdent des plans de deux ou trois secondes pendant une heure et demie, comme des flashs qui saturent les sens de cris, de bruit, de musique ; on court, on saute, on mitraille, le cerveau emmagasine des shoots d'émotions vives et, gavé, il jubile. Mince, c'est donc ce que j'attendrais d'un match de rugby : qu'il me gave d'un plaisir épileptique. L'idée m'a mis mal à l'aise. Ce serait aussi primaire. Et dans un sens, oui, ça l'est. Un spectacle quel qu'il soit a pour vocation de susciter des émotions et, moi, pur produit de la société du spectacle peut-être, je veux jubiler.

Puis le hasard m'a mis entre les mains une rétrospective des épopées du XV de France en Coupe du monde, de 1987 à 2003. En voyant Philippe Sella lors de la demi-finale contre l'Australie, en 1987, crocheter puis accélérer, battre six défenseurs et marquer entre les poteaux, je me suis dit que le beau geste de rugby, le geste juste et bien exécuté, était indémodable. Seule, peut-être, la vitesse changeait (et encore, Sella valait moins de six secondes aux cinquante mètres, quel rugbyman d'aujourd'hui peut en dire autant ?). Cette possible différence de vitesse n'entamait en rien mon plaisir, alors qu'elle le gâche totalement au tennis, par exemple, quand je revois des images de la finale de Roland Garros remportée, en 1983, par Yannick Noah contre Matts Wilander. On dirait que Noah et Wilander marchent. Ou qu'ils s'échauffent. Je voudrais les secouer. J'en conclus que l'intensité, du moins ce que j'en perçois, compte pour beaucoup dans mon plaisir à voir (donc à ressentir). La course de Sella est nerveuse. Il y a le coup de reins, la rupture d'avec un tempo pour en imposer un autre, comme si le joueur avait pris le temps de laisser monter en lui l'inspiration, alors qu'elle est fulgurante, avant de la mettre brusquement en action par un changement de direction et une accélération. On imagine aisément la terre et le gazon voler sous la morsure de ses crampons. Son geste, le crochet intérieur suivi de l'accélération, me renvoie facilement au rugby pro d'aujourd'hui. Il existe toujours, exécuté de la même manière. La posture, l'allure de Sella – 85 kilos dans un maillot ample – me renvoient, elles, au rugby amateur que j'ai connu, où le geste et son exécution existent tout autant, à une intensité relative équivalente. Il y a quelque chose d'universel dans l'action de Sella, d'indémodable, donc, et d'éternel. C'est ce qui précède et ce qui suit qui a radicalement changé et qu'on ne voit pas, ou peu, dans les rétrospectives. La façon dont sont construites les actions, la multiplication et l'allongement de celles-ci, la rigueur et la justesse technique des gestes dans un environnement où le temps et l'espace manquent bien plus qu'il y a dix, vingt ou trente ans. On n'assiste pas nécessairement à plus d'exploits, encore que tout dépende des équipes – suivez mon regard aux antipodes – mais l'écart entre le lisible (l'action de Sella) et l'illisible (les tas, la foire d'empoigne) a été réduit. Comme l'écart entre le temps de ballon mort et celui pendant lequel il est en vie. C'est tout le contenu d'une partie qui s'en est trouvé chamboulé, multiplié, et, avec, les attributions de chacun des postes.

Cette mutation, on la perçoit avant tout sur la scène – le terrain, le stade, les publics – qui a changé, elle aussi. Les stades sont plus grands et plus confortables, assortis de loges pour les sponsors, de buvettes, de boutiques. Les spectateurs qui s'y pressent sont pour certains bariolés aux couleurs de leur équipe, comme à Clermont, La Rochelle,

Toulon, Perpignan, Bayonne et ailleurs. Au centre de ce théâtre se pratique un jeu toujours modernisé par des acteurs qui, de concert, évoluent. L'évolution la plus flagrante, c'est leur musculature, désormais hypertrophiée. Une étude comparative entre des rencontres internationales de 1987 et de 2010, produite par World Rugby (nouveau nom de l'IRB, depuis 2008), révélait que le nombre de mêlées et de touches avait été divisé au moins par deux sur la période, quand le nombre de rucks (regroupement après plaquage, phase de combat dans le jeu courant) avait été multiplié par quatre. Le nombre de passes pour une même équipe avait doublé, tandis que le nombre de coups de pied, lui, était divisé par deux. Aujourd'hui, chaque joueur vit, a minima, une trentaine de collisions par rencontre, probablement le double ou le triple par rapport aux années 1980. À l'époque, une action sur deux avortait au bout de dix secondes. En 2010, selon l'étude, la moitié des actions dépassaient les vingt-cinq secondes et celles qui excédaient la ou les deux minutes, voire plus, étaient de plus en plus nombreuses, alors qu'elles n'existaient pas vingt-cinq ans auparavant. Les joueurs, eux, ont pris une quinzaine de kilos par poste en moyenne, ce qui ne les empêche pas de se déplacer bien plus et plus vite qu'il y a trente ans. Ce n'est pas un bond en avant, mais un changement de planète.

En coulisses, pour assurer la transformation de cette représentation, tout a également été bouleversé, et multiplié. Une chaîne de production du spectacle, nommons-la, a été mise en place, puis pérennisée, sœur jumelle de la quête de performance et des structures qu'elle requiert. Les deux, dans le meilleur des cas, se nourrissent l'une l'autre dans un rapport équilibré, selon un cercle se voulant vertueux : l'environnement donne alors les moyens au secteur sportif de viser l'excellence, qui assurera ensuite l'audience (une fois encore, suivez mon regard).

Je parle du rugby comme d'un spectacle, et de sa fabrique, et de tous les travers qui peuvent les accompagner (et il y en a). On peut regretter cette transformation. On peut, c'est vrai, se reporter aux origines, aux origines du rugby puis aux origines de la mutation quand, à la fin des années 1950, puis dans les années 1960, les premiers changements ont été apportés aux règles pour rendre le rugby, disait-on déjà, plus aéré, plus compréhensible pour le public nouveau qui affluait dans les stades, détournant, selon le point de vue, ce sport si particulier de sa nature première, une discipline rude et éducative tournée vers elle-même et ses pratiquants, pas prosélyte pour un sou par peur de perdre son âme. Mais quelle âme? On en a déjà parlé. On peut aussi, et c'est ce que je choisis, chercher à voir dans le processus d'ouverture et de modernisation ce qui relève du progrès et de l'air du temps. Ce qui ne veut pas dire, j'insiste, s'accommoder des dérives les plus nocives qui, elles, je persiste à le croire, contrairement au professionnalisme, n'étaient pas inéluctables.

Au cœur de mon raisonnement se trouve le jeu. Bien sûr, l'état déliquescent du XV de France, le piètre spectacle produit en général en Top 14, ce championnat de France de première division si riche et barbant, sont un caillou dans ma chaussure. Mais on peut regarder ailleurs, et pas seulement en Nouvelle-Zélande, pour constater que le professionnalisme, et l'une de ses principales caractéristiques, l'amélioration de la condition physique, nourrissent les intentions d'un jeu offensif et ouvert (*positive rugby*, en anglais), un jeu «*above the ground*» («au-dessus du sol», pour dire combien on souhaite qu'il soit un jeu de mouvement et de vitesse), et non «*in the ground*» («dans le sol», comme pris dans la boue) ainsi que me l'avait expliqué un soir de novembre 2012, dans le lobby d'un hôtel du

13e arrondissement de Paris, Ashley Jones, que j'avais connu en 2006 lorsqu'il était préparateur physique des Crusaders et des All Blacks, avant de devenir celui des Wallabies australiens. Nous parlions des performances en France de certains joueurs néo-zélandais, deuxièmes choix chez les All Blacks mais stars dans notre championnat (Chris Masoe, par exemple). Ces joueurs limités pour un certain rugby s'épanouissaient dans un autre, moins exigeant. Le nôtre. Notre sabordage reste un mystère. Mais voyons le rugby d'Écosse, celui d'Argentine, celui de l'Angleterre, de son équipe nationale et de ses clubs. Oui, l'ennemi historique dont on moquait, dans les années 1990 encore, le côté frustre de son rugby d'avants et de coups de pied, pratique le jeu dont nous prétendions détenir la science. Je revois les vingt-cinq premières minutes du match Angleterre-Nouvelle-Zélande de novembre 2018 à Twickenham, au bout desquels les Anglais menaient 15-0. Ils perdront 16-15. Une intention les animait : prendre les All Blacks de vitesse, c'est-à-dire à leur propre jeu, et ce malgré la pluie. En février 2019, les Anglais nous ont passé plus de 40 points à Twickenham (44-8 exactement).

Ce rugby-là est un rugby de répétition d'efforts à très haute intensité, fondé sur la vitesse, d'intervention, de course, d'exécution, et tout autant sur la recherche d'intervalles que celle, nécessaire, de l'affrontement. Il est porté haut par la Nouvelle-Zélande depuis l'avènement du professionnalisme, au point qu'il est constitutif de l'identité rugbystique de la nation entière. Et cette nation tire, dans son sillage, tout le rugby mondial par la force de son exemple, par l'exportation de nombreux entraîneurs (en Europe, au Canada, au Japon…), et par le goût du partage. Quel autre pays de rugby peut se prévaloir d'accueillir autant de « stages de découverte » d'entraîneurs étrangers, parmi lesquels énormément de Français, d'ouvrir ses portes et ses laboratoires aussi facilement ? La philosophie est simple. À l'intérieur du pays, plus on partage, plus on sera fort. Vers l'extérieur, de toute façon, comme me le disaient Ashley Jones et tant d'autres techniciens, dès qu'un principe d'entraînement ou de jeu est appliqué, il est obsolète. Pourquoi, dans ce cas, jalousement, le garder ? (Je glisse, en aparté, que l'entraînement étant fait pour générer des adaptations, tout schéma routinier finit par ne plus avoir d'effet. La variation et l'innovation sont toujours nécessaires.)

On dirait que, par endroits, le basculement dans le professionnalisme, à la manière dont s'ouvrent les stalles au départ d'une course de chevaux, a libéré les énergies, l'inventivité, la compétence, le progrès. Le domaine de la préparation physique est, pour cela, d'une incroyable créativité. Je l'ai compris en tant que journaliste, en interrogeant, en discutant, en regardant, en expérimentant, parce que façonner un corps me fascine. Je le mesure encore plus en travaillant à l'écriture d'ouvrages sur le sujet, en accompagnement d'un préparateur évoluant dans le rugby professionnel, dans le club de Lyon. La recherche en ce domaine est permanente et tous azimuts, dans toutes les disciplines sportives, parfois même hors le sport. Et c'est là où je veux en venir. Le professionnalisme a permis, en une dizaine d'années à peine pour les plus précoces, de saisir la vraie nature athlétique, hautement complexe, du rugby, pour la mettre au service du jeu, d'un jeu en tout cas qui me parle, jeu peut-être éloigné de ses fondements originels, mais jeu qui enchante, quand il est pratiqué dans un certain état d'esprit, jeu qui donne à toucher la « gonfle » (le ballon) à tous ses participants. Je me rapporte ici aux propos que me tenait Olivier Roumat, en 2009, sur le plaisir incomparable éprouvé lors de la deuxième partie de sa carrière pendant laquelle, enfin, les gros prenaient aussi leur part.

D'autres données statistiques objectivent cette évolution. Elles portent des noms, évidemment, de statistiques, ce qui leur donne, et ce qu'elles sont dans un sens, des allures froides de rapport d'activité ou de fiches d'évaluation de poste. Temps de jeu effectif (temps pendant lequel le ballon est en jeu, et qui a plus que doublé depuis les années 1980, près de cinquante minutes sur quatre-vingts dans les meilleures rencontres internationales), mètres parcourus par joueur et par minute (au plus haut niveau international, 140 mètres par minute de « ball in play », temps pendant lequel le ballon vit), temps passé au sol et temps de retour au jeu après un plaquage, par exemple (deux secondes au niveau international), plaquage cassé ou défenseur battu, franchissement, passe au contact, plaquage manqué/subi/réussi/offensif, ballon gratté, premier soutien dans les rucks… La liste est longue. Ces « stats » sont affichées dans les centres d'entraînement après chaque rencontre. Ainsi sont évaluées les performances individuelles, après analyse vidéo par un spécialiste et digestion par un logiciel. Cette sophistication ne me choque pas, pas plus que celle de tout l'entraînement en général, symbolisée par des staffs toujours plus pléthoriques (record pour le Stade français Paris en

2018 : 18 membres), avec un nombre toujours plus important d'entraîneurs spécialistes de la défense, de la mêlée, du jeu au pied, de la technique individuelle (les *skills*), du lancer en touche, de la vision, etc. J'y vois l'expression d'une préoccupation obsessionnelle tout à fait raccord avec l'objectif non moins obsessionnel de la quête d'excellence, qu'il me plaît de trouver dans le rugby et à tous les niveaux, y compris dans un grand nombre de divisions amateur où, il faut le dire, la rigueur du professionnalisme a infusé.

Chapitre 14

La guerre des millions

Fallait-il nécessairement que l'évolution exposée dans le chapitre précédent se double de l'apparition des vices et travers liés à l'introduction de l'argent dans un milieu qui, certes, en brassait déjà, mais peu, et souvent sous le manteau ? Introduction sinon massive, en tout cas en constante augmentation, en France particulièrement. C'est ce que je veux prendre le temps d'étudier.

Je n'élude pas pour autant d'autres sujets. Je préférais évidemment les interviews d'après-match quand nous, journalistes, rentrions encore dans les vestiaires, au milieu des sacs, des maillots crottés, des joueurs qui se déshabillaient, de leurs femmes et de leurs enfants. On s'asseyait pendant que les types se changeaient ; ils avaient dit oui ou non pour répondre aux questions, c'était simple, humain. Le carnet de notes prenait l'humidité qui émanait des douches, on voyait les gars interagir, un relationnel pouvait se créer. Un jour, on nous a orientés vers des salles où quelques joueurs nous étaient envoyés pour parler devant des panneaux aux couleurs des sponsors, c'était la fin. Leur parole s'est standardisée, son contenu vidé. Devant un micro, ils sont devenus des robots. Triste mutation. Un autre journalisme est à inventer, qui peut choisir de se passer de cette parole inutile et de traquer, quand il en a les moyens et en d'autres occasions, les mots qui font sens. Il y a le décorum, aussi. Les jingles et les speakers braillards, les rideaux déchirés avant d'entrer sur le terrain, les flammes, parfois, les pom-pom girls, rarement, les olas dans les gradins, les hymnes massacrés par des chanteurs d'opérette, les exhibitions de saut de cheval ou les pyramides de pompiers que l'on a pu voir, au Stade de France, en première partie des affiches du Stade français de l'époque Guazzini, le haka néo-zélandais mis en scène à outrance. Franchement, qui cela touche-t-il vraiment ? Cette scénographie, symbole de l'air d'un temps souvent décadent, me désintéresse absolument. On pourrait débattre, et cela a déjà été fait cent fois, des maillots moulants, de leur couleur, le rose, notamment, des sponsors qui s'affichent sur des tuniques jusque-là inviolées (le maillot du XV de France, depuis 2017). On pourrait parler du glissement de l'image du rugbyman à la faveur, par exemple, de la production des calendriers du Stade français esthétisant les corps d'athlètes en position équivoque. Il me semble, à la réflexion, que rien de cela n'entame directement la nature du jeu, sur le terrain. C'est de l'apparat. Comme du sucre glace en trop sur un gâteau, il suffit de souffler pour s'en débarrasser. Et puis, si un public préfère la ola au match qui se déroule sous ses yeux, si tel businessman préfère fumer le cigare et régler ses contrats dans sa loge plutôt que de regarder le match qui se déroule sous ses yeux, si tel joueur accepte, pour quelques milliers d'euros, de se laisser photographier nu, en position lascive, pour susciter les fantasmes de la communauté gay du 3e arrondissement de Paris, je dirai que cela les regarde. Ce n'est pas là, pour moi, que se situe le principal risque de dénaturation du rugby.

Il ne se situe pas non plus dans l'évolution des règles, intensifiée avec la professionnalisation, bien que certaines, comme celle autorisant le coaching, ont pu altérer des principes fondamentaux du jeu de rugby, l'usure, en l'occurrence, pour celle que je cite, la possibilité de remplacer des joueurs fatigués par du sang neuf ayant en partie transformé l'épreuve de force. Mais depuis plus de cinquante ans, et c'est suffisamment rare pour le souligner, les instances dirigeantes font, dans le domaine de la règle, preuve de modernité. Dans un but, c'est vrai, d'attractivité. Toutes les modifications ne sont pas toujours pertinentes, mais il faut reconnaître une certaine réactivité quand un changement s'avère contre-productif. La réglementation de la zone de ruck, par exemple, est, depuis l'avènement du professionnalisme, en perpétuelle évolution. On constate une sorte d'interactivité entre le législateur et les équipes, les unes s'adaptant à l'autre et vice versa. La clarification de la touche (avec l'autorisation de l'ascenseur), celle du ruck, donc, l'encadrement du jeu au pied pour maintenir tant que possible la balle dans l'ère de jeu, l'essai à cinq points, comme l'obligation, dernièrement, d'utiliser le ballon s'il est jouable, même quand la mêlée s'est effondrée, constituent, à mon sens, des avancées indispensables en faveur du jeu.

Alors, où le risque se situe-t-il ? Dans l'escalade. L'escalade des gabarits, d'un côté. Multipliez plus de poids par plus de vitesse, et imaginez les chocs. L'intégrité physique des joueurs est en péril, j'y viendrai au chapitre suivant. L'escalade financière, de l'autre. Et, là, il faut parler de l'exception française et de la dualité de sa richesse, écrasante pour le reste du monde du rugby. Les clubs français ont accompli un exploit. Cet exploit relève autant de la ténacité des dirigeants des clubs et de la Ligue nationale de rugby, que du mystère, peut-être même du miracle. Vous vous souvenez d'où tout cela part, en 1998. La confusion, l'instabilité, les guerres intestines. J'ajoute la découverte de l'obligation de payer des cotisations sociales, la limitation des subventions publiques, la concurrence sur le marché du sport, à la télévision, avec le basket, par exemple. Les premières faillites, en 2000 et 2001. En vingt ans, une économie a été créée, dont le poids total a été évalué, en septembre 2017 par le cabinet Deloitte, à un milliard d'euros. Cette économie verse les plus gros salaires du rugby professionnel (à l'exception de quelques stars en semi-retraite, très bien traitées au Japon, où se jouera la prochaine Coupe du monde). Elle attire des mécènes multimillionnaires heureux de dépenser à perte, des mécènes institutionnels, des sponsors par centaines, chaque club assurant quasiment la moitié de ses recettes en partenariat. Elle engrange aussi des droits TV record (97 millions d'euros par an pour le Top 14 de 2019 à 2023). Les stades sont pleins, avec des taux de remplissage avoisinant, par endroits, les 100 % ; 2,4 millions de spectateurs s'y assoient chaque saison, soit 13 500 supporters par stade et par journée de championnat. À une telle échelle, c'est un phénomène unique au monde (seuls trois provinces irlandaises et huit clubs anglais y parviennent). En moyenne, un joueur de ce championnat touche plus d'un SMIC annuel par mois, en salaire brut (19 000 euros). Les meilleurs touchent, chaque mois, 30 000, 35 000, 45 000, 50 000 euros. Les enchères sont même montées à 71 000 euros – hors sponsoring personnel – pour la star All Black Daniel Carter au Racing Métro 92, de 2015 à 2018. Se rend-on compte de là où l'on en est arrivé ?

François Duboisset, camarade que j'ai connu dans la presse, numéro 8 de Brive de la grande époque des années 1990, finaliste du Championnat de France 1996, champion d'Europe 1997 et vice-champion d'Europe la saison suivante, m'avait raconté sa signature au CAB (Club athlétique Brive), en 1992, en provenance de Limoges. Un accord griffonné sur un bout de nappe en papier à la fin d'un repas, 7 000 ou 8 000 francs par mois dans une enveloppe (1 200 euros), un transfert de la mairie de Limoges à celle de Brive pour le boulot et « roule ma poule », comme il disait. Il avait vingt-quatre ans, sa Renault Supercinq, et la vie était belle. Ce n'était pas un nom, Duboisset, aucune sélection internationale, mais un palmarès. Il a fini sa carrière à 3 000 euros par mois, en 2000. À combien serait monnayé son CV, aujourd'hui ? 20 000 euros ? Plus ?

Pour suivre l'inflation, ou l'initier, c'est selon, les budgets augmentent saison après saison. On en est à 28 millions d'euros par club en moyenne en Top 14, c'est dix fois plus qu'à la création de la Ligue, vingt ans plus tôt (soit une croissance de 1 000 %). Un *salary cap* (« limite salariale ») a été imposé pour préserver l'équité. Cette expansion constante est exceptionnelle – et peu importe qu'elle repose en partie sur les largesses d'actionnaires qui bouchent les trous à chaque exercice. À toutes les époques, le mécénat a existé, et ce dans tous les domaines. Le rugby, lui aussi, attire ce type de personnage. C'est précisément là que repose le miracle : le XV de France dépérit, le niveau de jeu en championnat est globalement pauvre, mais les stades sont pleins et l'argent afflue. Comment ne pas se laisser griser ? Dès les années 2000, les clubs français ont aligné euros et zéros pour attirer d'abord quelques noms venant d'ailleurs, puis d'autres, et de plus en plus, connus et inconnus.

Bonne ou mauvaise pioche, il devenait plus facile d'engager des Sud-Africains, des Géorgiens, des Argentins, des Fidjiens, des Anglais, des Néo-Zélandais, des joueurs de toutes les nations, finalement, que de former des jeunes et de leur donner le temps de s'aguerrir. Plus personne n'avait de temps, de toute façon, puisque tout le monde engageait des étrangers déjà formés. Et que pouvait-on dire ? La loi du travail s'imposait et, avec elle, des accords d'entraide internationaux (dont l'accord de Cotonou), plaçant sur le même plan que des travailleurs européens des joueurs venant d'une grande partie des nations de rugby. Les présidents étaient souverains. C'était leurs sous, leur équipe, leurs ambitions, leurs résultats et, jugeaient-ils, leur pérennité sportive, qui étaient en jeu. L'idée que cela puisse appauvrir à moyen terme la culture de notre rugby et l'équipe nationale n'a pas ému grand monde – on a même sélectionné de plus en plus de joueurs d'origine étrangère pour porter le maillot bleu (six entre 2000 et 2006, neuf depuis 2013). On comptait encore 45 % de joueurs étrangers en Top 14, en 2018-2019 (215 sur 492 en début de saison).

La Coupe du monde 2007, au cours de laquelle l'Argentine a battu deux fois la France, en match d'ouverture, premier camouflet, puis lors du match pour la troisième place, aurait dû servir de leçon. La grande majorité des Pumas qui nous humilièrent donc à deux reprises lors de *notre* Coupe du monde, qui se jouait sur notre sol, évoluaient dans *notre* championnat ; ils s'y étaient construits comme joueurs de rugby, puis aguerris, eux. Magistral pied de nez. Le même s'est produit en novembre 2018, avec la victoire des îles Fidji au Stade de France. Onze ans séparent ces deux affronts, onze années pendant lesquelles, pour prendre un exemple emblématique, Toulon a remporté trois fois de suite la Coupe d'Europe (2013-2015), en alignant au mieux quatre Français sur 15 joueurs au coup d'envoi de chacune de ses finales (mais tant de stars internationales, qui ont dû faire vendre beaucoup de maillots à la boutique du club). Ces années-là, Toulon s'est imposé deux fois en finale contre Clermont, qui alignait au coup d'envoi sept Français en 2013, même pas 50 %, donc, puis neuf en 2015. Enfin, neuf. Voilà un cas d'école. Le neuvième n'est pas français (il l'est devenu en novembre 2018) mais, finasserie, est sélectionnable pour le XV de France.

Il s'appelle Noa Nakaitaci, c'est un Fidjien, arrivé en France à vingt ans et qui a obtenu la première de ses 15 sélections en équipe de France quelques mois avant la finale européenne perdue, sans pour autant posséder le statut JIFF.

JIFF ? JIFF, pas JIFF, Fidjiens, Sud-Africains, passeport français ou non, on frise l'absurde, accrochez-vous. Première règle, un étranger n'ayant obtenu aucune sélection internationale dans son pays peut être sélectionné par son pays d'accueil s'il y évolue depuis au moins trois ans. Nakaitaci avait refusé la sélection fidjienne en 2012, c'était tout bon. Le JIFF, ou « joueur issu des filières de formation », est un statut que les présidents de club, réunis au sein de la Ligue nationale de rugby et conscients que seule la coercition les ferait évoluer, ont sorti du chapeau pour s'inciter eux-mêmes à recruter et faire jouer des joueurs formés en France, dans le but, ô combien charitable, d'aider le XV de France (qui, s'il flanche trop, finira par nuire à leur commerce). Pour bénéficier de ce statut, il faut avoir été licencié au moins cinq ans à la FFR avant vingt-deux ans, ou justifier de trois années dans un centre de formation. Sébastien Chabal n'aurait pas été JIFF. Depuis l'entrée en vigueur de ce statut, un quota de JIFF de plus en plus contraignant a été imposé, d'abord dans les effectifs des clubs professionnels, puis sur les feuilles de match. En 2019-2020, il faudra atteindre une moyenne minimale de 15 JIFF par feuille de match (sur 23 joueurs), sur l'ensemble de la saison, en Top 14 et en Pro D2.

Ces mesures ont des conséquences. Sur le marché des transferts, la valeur du JIFF a grimpé. Il coûte cher, le JIFF, on en arrive à voir des piliers sans aucun talent, mais bien défendus par leurs agents, toucher plus de 30 000 euros par mois. Alors, il faut compenser avec du Fidjien ou du Géorgien talentueux et/ou besogneux, et surtout meilleur marché : bienvenue à la foire aux bestiaux. Mais les clubs sont malins. Les talents des antipodes, ils les intègrent désormais dès le centre de formation, comme ça, tout le monde, un jour, sera JIFF, et les soucis s'envoleront (on comptait 47 joueurs étrangers dans les centres de formation de Top 14 en 2018-2019, soit 15 % des effectifs). Le Sud-Africain Bernard Le Roux, 33 sélections chez les Bleus depuis 2013, est JIFF. Paul Willemse, autre Sud-Africain sélectionné depuis le dernier Tournoi, n'est pas JIFF, lui. Mais il a un passeport français. Vous ne comprenez rien ? C'est normal. Et pas vraiment de bon augure pour le XV de France.

La surpuissance financière de la France cause d'autres dégâts, à l'extérieur de ses frontières. La bourse si bien garnie, à défaut d'être une locomotive sportive, la France fait la loi sur le marché des joueurs, force les autres à se saigner, à se renier. Oui, se renier. Quand une nation impose à ses joueurs d'évoluer sur son territoire pour pouvoir prétendre à la sélection dans le but de maintenir une structure sportive cohérente, puis revient sur ce principe parce que certains de ses meilleurs éléments remplissent leurs comptes en banque sur la côte varoise, on peut parler, je crois, de reniement sous la contrainte, économique en l'occurrence. Quand une autre nation, qui impose la même règle, finit par autoriser contractuellement ses joueurs, au risque qu'ils s'usent et se blessent, à bénéficier de congés sabbatiques de plusieurs mois pour aller se remplir les poches en Europe ou au Japon, et le plus souvent en France, qu'est-ce d'autre, une fois encore, qu'une énorme concession faite sous la pression financière ? Et quand une partie de ces joueurs de l'autre hémisphère, dont les nations génèrent peu de ressources hors leurs équipes nationales (et finissent par déstructurer un calendrier cohérent pour espérer, justement, en produire pour soutenir la concurrence), quand ces joueurs agitent sous le nez de leurs dirigeants, au moment de renégocier leurs engagements, les offres mirobolantes du Stade français, du Racing, de Toulon, Clermont ou Montpellier, peut-on appeler cela autre chose qu'une guerre économique ? C'est la triste guerre des millions. La France la gagne celle-là, oui, peut-être. J'aurais préféré que le rugby français soit pauvre et que le XV de France remporte la guerre du jeu.

Chapitre 15
Rugby meurtrier

Il y a, dans le rugby pro d'aujourd'hui, quelque chose du délire transhumaniste. Dans ce rugby du XXIe siècle, rugby de collisions et de tant de commotions réclamant toujours plus de poids et de vitesse pour, explique-t-on, gagner les duels, on rêve de l'homme augmenté – lourd, grand, fort, véloce, endurant, explosif, intelligent, habile de ses mains et de ses pieds, discipliné, tout. On le traque, on tente de le façonner. À tel point que, j'en suis persuadé, si demain un président ou un entraîneur mettait la main sur Hulk le super-héros, il l'engagerait sur le champ, que le titan vert sache manier le ballon ou non. Obélix, surpuissant certes mais feignant, bedonnant et trop bonhomme, est dépassé. Lomu a fait des dégâts. Et si ça n'avait été lui, c'eût été un autre ; quelqu'un aurait bien fini par trouver un extraterrestre, quelque part sur la planète. Malgré lui, je précise, Lomu a fait des dégâts. Le problème n'a jamais été Lomu, mais ce qu'on en a fait. D'une exception, une anomalie, oserais-je, on a tiré un modèle – comme si en athlétisme, par exemple, Usain Bolt, anomalie par excellence, devenait l'archétype, sous prétexte qu'il a repoussé les limites du sprint au-delà de tout ce que l'homme avait pu, avant lui, imaginer. Mais pouvait-il en être autrement dans un sport comme le rugby, qui magnifie tant et toujours plus le contact et, c'est consubstantiel, dans un monde qui repose sur l'illusion d'une croissance perpétuelle ? On pourrait répondre, une fois encore, qu'il est, là, question de choix, dit autrement de libre arbitre. Le choix de la forme de jeu et, logiquement, celui du profil de joueur. Le choix, aussi, de se préoccuper des conséquences sanitaires de l'escalade incessante des gabarits – plutôt que de pousser des « ouf » de douleur ou d'admiration devant les impacts de « golgoths », c'est l'appellation consacrée, de 140 kilos. L'accumulation des traumatismes, les arrêts de carrière prématurés et les décès – oui des morts, le jeu de rugby a produit quatre morts, en France, en 2018 – devraient pousser les instances à prendre des mesures radicales, notamment pour sécuriser tant que possible l'action du plaquage, à l'origine de la moitié des blessures. De premières propositions ont été avancées, en mars 2019. Partout dans le monde, au niveau élite, une nouvelle sanction, le *High Tackle Warning* (HTW), ou avertissement pour plaquage haut (donc dangereux), sera expérimentée dès la saison prochaine. Prononcée par l'arbitre vidéo et non par l'arbitre de champ, elle s'ajoute aux sanctions déjà existantes pour ce type d'action illicite (pénalité, carton jaune ou rouge). Trois avertissements entraîneront une suspension. En France, des règles imposant de plaquer à la taille et interdisant le plaquage à deux seront testées dès septembre 2019, dans des catégories à définir. World Rugby réfléchit à d'autres mesures, comme la modification des règles de sortie du ballon en touche pour forcer les équipes à dégarnir le premier rideau défensif afin de couvrir leurs arrières, ce qui aurait pour effet de dégager des espaces et, ainsi, de faire décroître le nombre de plaquages. Sera-ce suffisant ?

À son époque, Jonah Lomu a été comparé à une Twingo lancée à 40 km/heure, ou peut-être 30. Depuis, l'image circule comme un mythe. On a dû, aussi, l'utiliser au sujet de Sébastien Chabal, pour imager, à tort, sa puissance. Je ne sais pas si l'on conçoit bien les dégâts qu'une Twingo de 800 kilos, tout en ferraille et lancée à 40 km/heure, causerait sur des êtres humains, aussi musclés soient-ils, et je ne comprends pas bien ce qu'on est allé chercher dans cette comparaison, toujours avancée dans un sourire mi-effaré, mi-bravache, l'air de dire « tu vois un peu ce à quoi on se coltine ». La puissance est générée à un instant précis. Lomu, comme n'importe quel être humain, en produisait plus lors du démarrage qu'à pleine vitesse (et il n'atteignait certainement pas 40 km/heure sur un terrain). La comparaison en termes de puissance est donc dénuée de sens. S'il est question de l'énergie dissipée à l'impact, ce qui aurait cette fois plus de sens, une Twingo pesant environ huit fois plus que Lomu, elle en génère donc huit fois plus à vitesse égale. On reprend donc le mythe de la Twingo, on en fait une boule de papier, et on la jette à la poubelle.

S'intéresser aux calculs d'énergie dissipée à l'impact, l'énergie cinétique, livre en revanche un éclairage lumineux sur le rugby d'aujourd'hui et, surtout, met à mal la culture obsessionnelle du poids. Tout corps en mouvement emmagasine de l'énergie (cinétique). Le calcul de cette énergie que ledit corps, considéré en course rectiligne, dégagera d'une éventuelle collision se fait de la manière suivante : Énergie = 0,5 x masse x vitesse^2. On apprend ainsi que si l'on est deux fois plus lourd que l'adversaire, on dégagera deux fois plus d'énergie que lui, et que si l'on court deux fois plus vite, on en dégagera quatre fois plus. Ah, tiens! Mieux vaut donc aller plus vite que peser plus lourd. C'est épatant comme trouvaille. C'est d'autant plus épatant que travailler la vitesse plus que le gabarit oriente naturellement vers une certaine forme de jeu – quand on a des pattes, on cherche à s'en servir autrement que pour rentrer dans un mur, et Lomu, d'ailleurs, visait plus les intervalles que les obstacles. En 2007, en Nouvelle-Zélande, cela m'avait marqué. Tout était basé sur la vitesse. Je dis bien: tout. C'était une culture, ça l'était depuis un moment et ça l'est toujours. On imagine la prédétermination qu'une telle hérédité peut produire dans l'inconscient collectif.

Pourquoi dans ce cas tant de poids? Il est possible qu'une certaine limite en matière de vitesse ait été atteinte et que la seule variable, alors, sur laquelle il était encore possible d'intervenir, était la masse. Il est possible aussi qu'on ait cherché à augmenter la masse pour mieux résister aux impacts de joueurs de plus en plus rapides. Il est enfin possible, en France en tout cas, que la longueur du calendrier rende plus facile de trimbaler des kilos à moindre allure et de chercher l'épreuve de force que d'exprimer, onze mois durant, des qualités optimales de vitesse (qui nécessitent fraîcheur et régénération), et qu'à la longue ou par choix stratégique, on se soit orienté vers un jeu restrictif basé sur le poids. Les trois hypothèses sont valables. Mais quand Gaël Fickou, allégé de cinq kilos à la demande expresse de son entraîneur sud-africain, traverse le terrain chaque week-end en championnat, ou lorsque Maxime Machenaud révèle avoir perdu volontairement six ou sept kilos pour retrouver aisance et vista, on devine ce qui a pesé avant, en arrière-plan, pour qu'ils se veuillent si lourds.

Je me souviens avoir entendu Patrice Lagisquet parler, à la cafétéria de *Canal+*, en 2010 ou 2011, alors que nous prenions un café avec Jean-Pierre Elissalde après l'enregistrement de l'émission *Les Spécialistes*, de la vitesse exceptionnelle de Sébastien Tillous-Bordes, qu'il avait entraîné à Biarritz. Patrice Lagisquet l'avait vu déposer Cédric Heymans sur un cadrage débordement dans le couloir des cinq mètres. C'était avant que le demi de mêlée, aujourd'hui entraîneur à Toulon, ne prenne plus de 10 kilos. Voilà toute la schizophrénie du rugby. Fascination pour la bête alors que, dans le même temps, on « bade », comme on le dit, les exploits de petites piles électriques intenables et virevoltantes comme Antoine Dupont (1,74 mètre, 85 kilos), Arthur Retière (1,70 mètre, 72 kilos), Baptiste Couilloud

(1,76 mètre, 82 kilos) ou Cheslin Kolbe (1,71 mètre, 76 kilos), l'ailier springbok de Toulouse. On s'émerveille des prouesses des Néo-Zélandais Beauden Barrett (1,87 mètre, 91 kilos) et Ben Smith (1,86 mètre, 94 kilos), longilignes et si véloces, ou de leur coéquipier Damian McKenzie (1,77 mètre, 78 kilos), monté sur ressorts. On n'admire pas ces joueurs uniquement parce qu'ils évoluent à contre-emploi dans un rugby de brutes. On les admire parce qu'ils expriment quelque chose de l'ordre de la créativité et de la ruse ; ils sont plus fins, ils jouent. Alors ? Renverse-t-on le modèle ? Niet. Matthieu Bastareaud, 125 kilos, et qui n'a pas la vélocité de Lomu, joue centre. Il porte le maillot 13, celui porté autrefois par Philippe Sella. Il est vice-capitaine du XV de France. C'est ça, aussi, l'air du temps. Sauf que cet air du temps fait mal.

En 2018, Sam Warburton a mis un terme à sa carrière. Il avait vingt-neuf ans. Il avait été capitaine du pays de Galles (49 fois) et des Lions britanniques et irlandais (quatre fois). Son corps, insuffisamment remis de blessures au genou et au cou, était désormais incapable de soutenir un entraînement. En janvier 2019, Pat Lambie, vingt-huit ans, 56 sélections avec les Springboks et pépite du Racing 92, a mis un terme à sa carrière à cause de commotions cérébrales répétées. Nous voici, dirait-on, au moment dramatique où la sélection plus que jamais darwinienne ne se fera plus sur les qualités de rugby et/ou sur les qualités d'expression physique, mais sur la capacité du corps à résister à l'usure et à la destruction.

Quelle époque. La courbe d'évolution de la vitesse et celle du poids marquent une asymptote. On touche aux limites : les organismes sont poussés à leur maximum, et que se passe-t-il dans ces cas-là ? Les corps, comme n'importe quelle mécanique, sont sur le fil du rasoir, en permanence au bord de craquer. Ainsi se multiplient les ruptures des ligaments croisés du genou (parfois sans même le moindre contact), les fractures de cheville et de tibia péroné, de malléole, les arrachements de ligaments dans telle ou telle articulation, les épaules broyées, les tendons de biceps désinsérés, les fractures des avant-bras, les hernies et fractures au rachis cervical, et puis les KO, les commotions cérébrales et, dernièrement, les décès, consécutifs à des plaquages au buste ou à un choc à la tête, provoquant arrêt cardiaque, traumatismes crâniens ou rupture de cervicale. En 2018, nous l'avons dit, quatre joueurs sont morts : un professionnel, un aspirant pro et deux amateurs, que des jeunes, entre dix-sept et vingt-trois ans. L'horreur, en quelque sorte.

En 2006, depuis la tribune de presse du stade Marcel-Michelin de Clermont-Ferrand, je pouvais deviner quand Jamie Cudmore avait plaqué. C'était un jeu. La tête du porteur de balle bougeait comme celle des petits chiens que l'on pose en décoration sur le tableau de bord d'une voiture et on disait en riant : « Tiens, Cudmore est encore passé par là. » Cudmore, deuxième ligne canadien taillé comme un *Big Jim*, dos en V, mâchoire hypercarrée, 117 kilos pour 1,96 mètre, secouait ses adversaires. Le genre indestructible. Ses coéquipiers disaient préférer l'avoir dans leur camp, même à l'entraînement. En juin 2017, le grand Jamie a assigné en justice le club de Clermont dans lequel il a évolué onze années pour l'avoir contraint à continuer à jouer alors qu'il avait été victime, selon lui, de trois commotions cérébrales, au printemps 2015. (Une commotion cérébrale, dit la Ligue nationale de rugby, est un trouble soudain et rapidement résolutif du fonctionnement du cerveau, secondaire à un traumatisme crânien ou tout impact sur le corps, transmettant à l'encéphale des contraintes d'inertie importantes.) Cudmore a tout raconté. Le choc, les réponses erronées aux questions du protocole (évaluation neurologique par un médecin, accompagnée d'un test d'équilibre, pendant la rencontre), les vomissements, la déception de devoir abandonner ses partenaires en demi-finale de Coupe d'Europe, puis la volteface du médecin et l'ordre de retourner jouer, la joie de retourner jouer, la finale disputée deux semaines plus tard, les chocs à la tête, encore, puis les symptômes – maux de tête, insomnies, irritabilité, concentration qui flanche.

Dans une interview publiée dans *L'Équipe* du 26 décembre 2016, Cudmore dit: «Je ne savais pas à l'époque que je me mettais en réel danger.» Son ignorance me sidère. En 2009, ne récupérant pas de trois KO subis en trois mois, Raphaël Ibanez prenait sa retraite à trente-six ans. En 2010, le neurologue Jean-François Chermann, qui avait soigné Christophe Dominici après une commotion sévère subie en 2005, publiait *KO, le dossier qui dérange*, un livre sur les conséquences possiblement désastreuses des KO et des commotions cérébrales, qui eut beaucoup d'écho dans les médias rugby.

En 2011, Eduard Coetzee, pilier sud-africain du Biarritz Olympique, interrompait sa carrière à trente-deux ans pour trois KO en quelques mois et son cas fut médiatisé. En 2012, était instauré en Top 14 et Pro D2 le protocole «commotion». En 2015, Cudmore, donc, ne savait rien.

En janvier 2019, des experts, agréés par la cour de cassation et désignés par le tribunal correctionnel de Clermont, ont conclu que la responsabilité du club auvergnat était engagée à propos d'une des trois commotions du Canadien. C'est une première dans le rugby. Un mois plus tard, le joueur a décidé de porter plainte contre X pour « mise en danger de la vie d'autrui », auprès du procureur de la République de Clermont-Ferrand. Il mène, seul, un combat symbolique « pour que les joueurs soient mieux protégés », expliquait-il le 19 janvier dans *L'Équipe*. Il a par ailleurs créé Rugby Safety Network, une fondation dont le but est de sensibiliser les joueurs à ce problème qu'il a rencontré et qui se répand sur les pelouses (plus d'une centaine de cas en Top 14 en 2016-2017).

Il vaudrait mieux que les joueurs soient informés. Et qu'ils regardent de l'autre côté de l'Atlantique pour tirer les enseignements du football américain, tragiquement en avance en matière de lésions cérébrales. Ils se décideraient, j'ose espérer, à faire entendre leur voix. Aux États-Unis, de nombreux anciens joueurs vedettes de National Football League (NFL) se sont donné la mort, les derniers en 2011 et 2012, parfois d'un coup de pistolet dans le cœur pour préserver leur crâne, et ont fait don de leurs cerveaux à la science pour qu'enfin soit reconnu le lien entre les traumatismes crâniens à répétition subis pendant leur carrière et leur état dépressif profond, leur fragilité psychique en général, les insomnies, les accès de violence, les troubles de la mémoire, l'instabilité émotionnelle. Les études scientifiques se succèdent depuis le début des années 2000 et les conclusions, toujours plus étayées, confirment le lien entre les chocs répétés à la tête et l'encéphalopathie traumatique chronique (ETC), pathologie autrement connue sous le nom de « démence du pugiliste », conséquence de la dégénérescence du cerveau, elle-même consécutive de la répétition des coups.

On croyait cette ETC réservée aux boxeurs. La dernière étude qui y est consacrée, publiée en juillet 2017 et conduite par l'Université de Boston et la Concussion Legacy Fondation, a révélé que, sur les 202 cerveaux analysés provenant de la NFL, de la ligue canadienne, du football universitaire, des niveaux semi-professionnel et amateur, 177, soit 87 %, présentaient des signes d'ETC, la proportion s'élevant à 99 % en NFL (110 sur 111 cerveaux). En 2006, l'ancien *defensive back* de Philadelphie, Andre Waters, mettait fin à ses jours, à quarante-quatre ans. Son cerveau fut analysé par le docteur Bennet Omalu qui, le premier, établit une corrélation entre des chocs crâniens répétitifs subis par les joueurs de football américain et une dégénérescence prématurée des facultés cognitives. À l'issue de l'autopsie, Omalu déclara avoir trouvé des tissus cérébraux dans l'état de ceux d'un homme de quatre-vingt-cinq ans atteint de la maladie d'Alzheimer. Waters est aujourd'hui encore présenté comme l'un des défenseurs les plus durs de son époque (« *hard-hitting* », « qui frappait fort »). À première vue, la façon dont il se jetait tête en avant dans les jambes des attaquants, ou simplement dans le tas, n'a rien à voir avec des plaquages de rugby. Pourtant, on s'en approche. Et il existe en rugby bien d'autres occasions de choc à la tête, dans toutes les zones de combat où les joueurs interviennent à pleine vitesse, notamment, que le football américain ne propose pas.

Par certains côtés, le rugby est devenu un « jeu de massacre ». Je reprends volontairement le titre d'une excellente enquête d'Alexandre Bardot et Renaud Bourel, publiée fin 2014 sur le site Internet de *L'Équipe* dans la catégorie « Explore » (et toujours consultable), et dont le sous-titre demandait si, en devenant toujours plus « violent », le rugby n'était pas en train de détruire son essence, son image et ses joueurs. Quatre ans après la publication, rien n'a changé. Ou plutôt si, tout a changé. En France, on compte les morts. En septembre 2017, le professeur Jean Chazal, neurochirurgien au CHU de Clermont-Ferrand, dans une interview donnée à France Info TV toujours consultable sur le web, les prédisait. Il osait porter une parole libre et alarmante, soulignant l'absence des instances (FFR et LNR) aux réunions qu'il chapeautait sur les commotions. En juin 2018, il était écarté de ces réunions. Il reprenait la parole dans les colonnes du *Midi Olympique* le 3 août 2018 (on peut en consulter des extraits disponibles sur le web), pour expliquer qu'on lui avait demandé de se taire et pour redire, exemples à l'appui, qu'il fallait une révolution, fustigeant le double discours des promoteurs. Il y exposait notamment le cas des coups d'épaule au visage, qui peuvent entraîner un enfoncement du massif facial dont les dégâts sont équivalents à ceux causés par une balle de golf reçue en plein visage à 150 km/heure. Lui et le professeur Chermann se rejoignent : si déceler les commotions était un bon début, les empêcher devient urgent. D'autant plus que le rugby amateur singe le rugby pro, pour le meilleur comme je le disais précédemment, mais aussi pour le pire. Qui, vraiment, les écoute ?

Chapitre 16
Intact

Mon goût du rugby est intact, au contraire des jointures de mes doigts qui ont tous subi des entorses, d'une cheville, tordue elle aussi, de l'un de mes ménisques, de mon épaule droite, de mon nez, d'une arcade, de mes oreilles, de mes vertèbres cervicales et lombaires, raides et qui couinent. Et encore, j'ai plutôt été épargné.

Ce goût, oui, reste intact, en dépit, aussi, du désenchantement qui point dans les derniers chapitres de ce livre. Le goût du rugby est en moi. Il vit, à l'intérieur, espace inviolable et inviolé, partie constitutive de l'être que je suis, tant ma nature et le rugby ont pu s'accorder. Ce que j'ai exprimé toutes ces années dans ce jeu, physiquement, mentalement, fait référence en dedans et vaut ancrage. C'est un développement qui peut expliquer ce qu'a été la suite de ma vie, une base qui peut la consolider quand je vacille. C'est une forme de grille de lecture, en somme, de qui je suis et de ce qui m'entoure, à travers le prisme d'un apprentissage accompli à un moment donné de mon existence et durant de longues années – apprentissage du joueur, de l'entraîneur, du journaliste.

Mon goût du rugby s'exprime à travers la réminiscence de tant de souvenirs – j'en ai remués pour l'écriture de cet ouvrage, souvenirs de choses vécues et de choses vues, vaste spectre que le joueur doublé du journaliste, ou inversement, mesure, là, dans l'écriture. Et pourtant, je le sais, il reste des mystères. Il reste les secrets de vestiaire des équipes que j'ai suivies et/ou admirées, ce qui, en coulisses, s'est dit et a été vécu, et qu'il faut reconstituer à partir de bribes et de témoignages forcément incomplets, parfois contradictoires, à partir de ce qui advint sur le terrain. Il reste aussi l'énigme euphorisante du plaisir éprouvé à jouer, à courir balle en main, à plaquer, à donner le ballon ou des coups d'épaule. Pourquoi ce plaisir-là plutôt qu'un autre ? Il reste encore, un ballon entre les doigts, l'odeur d'un terrain engazonné non loin, l'envie instantanée (et qui ne s'éteindra jamais, dirait-on) de tout revivre, avec autant d'intensité, comme si, encore assoiffés alors qu'ils en furent épuisés, mon corps et mon cerveau réclamaient le rugby et la pulsion de vie farouche qui l'accompagne. Il reste, enfin, le désir de transmettre ce goût, de le voir vivre chez d'autres afin qu'eux aussi, peut-être, jubilent autant que j'ai jubilé.

J'ai fini l'aventure, après deux années de coupure pendant lesquelles j'ai entraîné, par une dernière saison de rugby à toucher (rugby à 5), une saison inoubliable. Certains disent : le rugby à toucher – rugby sans contact ni combat, on touche à deux mains le buste du porteur de balle au lieu de le plaquer, le jeu s'arrête et repart comme après un regroupement – à quoi bon ? C'est comme la bière sans alcool. Pourquoi pas. Mais combien j'aurais aimé vivre l'expérience plus jeune, tout au long de ma carrière peut-être, autrement en tout cas qu'au cours de ces parodies de début d'entraînement où les joueurs se bousculent, trichent et font les marioles. Le toucher pratiqué sérieusement, en plus d'un entraînement certain de l'organisation défensive et de la condition physique, puisque tout y est basé sur la vitesse et sur l'endurance de celle-ci, c'est une éducation au jeu. Courir et redresser sa course pour trouver un décalage, chercher les trous, les intervalles, redoubler, s'attacher à faire des passes justes et tendues, converger, croiser, garder le sens, pratiquer l'évitement au point même de ne pas vouloir se laisser effleurer. C'est une éducation, vraiment. A posteriori, j'aurais aimé que cet aiguisage du jeu de passes et de mouvement soit à la base de mon apprentissage rugbystique, qu'ensuite il constitue un socle, une matrice permettant sans cesse de revenir à l'essentiel. J'étais trop vieux mais j'aurais aimé, après cette dernière aventure, revenir sur un terrain de rugby à XV, armé de cette nouvelle science que tout joueur, à mon sens, devrait développer.

Mes neveux jouent. Ils sont fiers, je le sens bien, de me le dire et de me le montrer. L'aîné, âgé de onze ans, loin d'être le plus costaud, s'est fait une obsession de me plaquer. J'adore. Le voilà déjà dans les dispositions du petit David s'attaquant, muscles et mental bandés – épaules en béton et casque à pointe, disait Jacques Dury, en juniors, avant les gros matches – au grand Goliath. Je pourrais dire au grand Golgoth, ça collerait mieux avec ce qu'est devenu le rugby. Suis-je un modèle ou un héros pour ces enfants ? Une inspiration me suffirait. Je ne l'ai pas eue. Pas directement. Je n'ai pas profité, dirais-je, d'un niveau intermédiaire. J'ai tout de suite pioché mes modèles parmi mes héros, ceux que j'admirais en bleu, un coq doré dans un écusson rouge cousu sur la poitrine. Rapidement, et sans savoir pourquoi, car j'étais, à l'époque, incapable de percevoir la qualité de leurs performances, j'ai choisi Laurent Cabannes et Philippe Benetton, deux troisièmes ligne aile – ce sera mon poste –, deux joueurs aux profils opposés, quoi que Benetton savait aussi très bien se servir de ses mains. Revoyez, par exemple, le premier essai inscrit au Stade de France en 1998, contre l'Angleterre. D'une passe sautée dans le petit côté après une échappée dans l'intervalle, Benetton sert Philippe Bernat-Salles sur un plateau.

En réalité, Cabannes, Benetton et la plupart des joueurs du XV de France étaient pour moi des demi-dieux. Ils ne l'étaient pas pour leur amateurisme, réel ou supposé, même si cela les paraît comme je l'ai dit en ouverture d'une aura supplémentaire. Non, ils accédaient, en moi, au statut de demi-dieu par les exploits qu'ils accomplissaient sur le terrain, par leurs gestes, leurs actions, leur jeu, leur beauté, oui, leur beauté à être des grands, des petits, des gros, des fins, des rapides qui jouaient – jouaient, j'insiste – avec un ballon, certains même de façon très élégante (je repense à Jean-Luc Sadourny). Les demi-dieux sont devenus accessibles, ensuite, par la force de mon métier. Le jeune homme naïf a grandi et a su dissocier les hommes des joueurs, il a continué à en admirer certains, il en a respecté beaucoup ; d'autres l'ont déçu, mais les joueurs sont restés admirables. Ils avaient laissé une empreinte. Ils avaient gagné, souvent, et gagné d'une certaine manière.

Depuis 2011 et la finale mémorable bien qu'inattendue de la Coupe du monde, perdue d'un point contre la Nouvelle-Zélande (8-7), qu'avons-nous pu admirer, et qui ? Quelque chose s'est rompu, d'avec le cours de l'histoire. Excepté l'hymne et la couleur du maillot, du short et des bas, il n'y a plus de lien, plus de continuité. On a vu quelques éclairs individuels, rares, qui se sont tus aussi vite qu'une averse à Wellington. Wesley Fofana, des jambes de feu et un essai d'anthologie contre l'Angleterre en 2013, Kevin Gourdon et son timing, Antoine Dupont et sa prestation d'enfer contre les All Blacks. Il y a des combattants, bien sûr, hargneux – mais c'est la base, non ? En revanche, il n'y a plus de jeu. Plus d'identité non plus. Il n'y a plus que la moue dépitée des joueurs interviewés après des matches trop souvent perdus (11 sur 16 depuis janvier 2018), et la peine qu'ils traînent. Plus de style.

La passion, comme naquirent la mienne et celle de tant d'autres, peut-elle naître de ce qui nous est montré depuis bientôt dix ans ? Il ne peut exister de légende sans résultats, sans panache: voyez Poulidor, éternel deuxième sur le Tour de France, mais quel deuxième (qui gagna, en plus, d'autres grandes courses). En décembre 2018, la France était neuvième au classement mondial World Rugby.

Je suis pourtant devant mon téléviseur à chaque rencontre. Et j'espère. J'espère voir se rallumer une étincelle, mais d'où proviendrait-elle? J'espère voir des adversaires joueurs qui, donnant la leçon, provoqueraient par répercussion une révolution. Je guette les gestes et les actions de part et d'autre, je me fais un autre récit de l'événement. Il ne s'agit plus d'un match en continu articulé autour de l'évolution du score avec, en conclusion, un résultat final sur lequel il serait possible de débattre, de redire, analyse du contenu à l'appui. Non, je regarde une performance, une sorte de spectacle, dans lequel je cherche à puiser des images et des séquences qui nourrissent mon goût du rugby. Je ne peux plus avoir d'attentes de toute façon; elles ont trop été déçues. Pour les contenter, je regarde ailleurs. L'admirable et la légende s'écrivent sous d'autres couleurs – et de quelle manière; revoyez l'équipe Angleterre-Écosse du dernier Tournoi (31-0, 31-31, 31-38 et, pour finir, 38-38). Là, de nouveau, je jubile. Ça manque juste un peu de bleu.

Sinon, je regarde un autre XV de France. Celui des filles qui, lui, fait des étincelles. Il gagne. En novembre 2018, pour la première fois de son histoire, en match officiel contre l'étalon néo-zélandais, les championnes du monde en titre, à Grenoble (30-27) – là aussi, l'étalon vient des antipodes (Black Ferns, les « Fougères noires »). Lors des Grands Chelems réalisés dans le Tournoi en 2016 et 2018. Il est quatrième au classement World Rugby. Et surtout, il sourit. Sur les visages, bien sûr, dans le jeu, aussi. Ça joue, comme on dit. Ça envoie et ça s'envoie, sans retenue ni calcul. On sent un parti pris, une cohérence et, c'est fondamental et contagieux, un réel enthousiasme – immense ouf de soulagement, cela peut encore arriver.

Je n'ai jamais vu le Stade Jean Bouin (le nouveau), ni le Stade de France d'ailleurs, aussi vivant que lors des phases finales du Mondial féminin, en 2014. Le stade entier était en liesse. Il vibrait de ce qui se produisait sous ses yeux. Sur la pelouse, les queues-de-cheval s'agitaient et les chignons se défaisaient, il y avait tout ; les passes, les plaquages, les courses et l'engagement, le suspense. Et, dans les tribunes, tout le monde se régalait, c'était la fête. Voir jouer ces filles est un baume au cœur. Faut-il déceler dans leur envie et leur énergie une fougue indissociable de l'amateurisme, comme si le plaisir et la passion n'avaient pas encore été gâtés par le poids des obligations ? Vingt-quatre membres de la sélection viennent seulement d'obtenir le statut de semi-professionnels, et le semi-salaire qui va avec (1 600 euros net par mois ; elles rejoignent les 24 autres déjà sous contrat pour le rugby à 7). La question est facile et finalement peu pertinente. Les demi-dieux néo-zélandais, eux, sont tous pros.

Il reste un dernier mystère, alors. Comment se fait-il que le rugby français, le rugby pro masculin, veux-je dire, soit devenu aussi absent à lui-même ? J'ai beau avoir livré une lecture possible, cette histoire de gros acquis et de petits avantages, bon sang, je m'en pince encore. Mais je n'oublie pas. Je n'oublie pas que j'ai été joueur et journaliste, parce qu'avant j'ai été un enfant, un enfant passionné, un enfant rêveur. Un rejeton du rugby. Qui, heureusement, rêve encore. L'éblouissement de mes vingt années, que dis-je, de mes presque quarante années à regarder, suivre et jouer, n'est pas près de s'envoler.

Sources et remerciements

Six ouvrages m'ont aidé à mieux comprendre le rugby et son histoire, et m'ont servi pour les chapitres 11, 12, 13 et 14 :

— *Le Rugby, de l'esprit de clocher à la Coupe du monde*, Jean-Pierre Bodis, Toulouse, Privat, 1999 ;

— *L'Ovale dans la lucarne*, Hubert Cahuzac et Guy Lochard (dir.), Paris, De Boeck/INA, 2007 ;

— *L'Invention du rugby*, Évelyne Combeau-Mari, Paris, Les 4 chemins, 2007 ;

— *Rugby pro, histoires secrètes*, Richard Escot, Paris, Solar, 1996 ;

— *Vers l'hyperrugby*, Xavier Lacarce, Lormont, Le Bord de l'eau, 2009 ;

— *La Coupe du monde de rugby, histoires connues et inconnues*, Marcel Martin, Paris, La Table ronde, 2007.

Je me suis également beaucoup nourri des archives du journal *L'Équipe* des années 1990 et tiens à remercier chaleureusement Thierry Dengerma pour son aide.

J'ajoute que les citations non sourcées sont reprises d'événements publics au cours desquels elles ont été prononcées.

Un grand merci à Clément Dossin pour la documentation récente ; à mon leader de combat Nico « Brioude » Mathieu, pour la leçon limpide de mécanique.

Un immense merci à Juliette et Éric pour leurs relectures enthousiastes.

Table des matières

Dans la même collection

Petit éloge de la gentillesse, Emmanuel Jaffelin
Petit éloge du charme, Harold Cobert
Petit éloge du transat, Vanessa Postec
Petit éloge des saisons, Pierre Pelot
Petit éloge de la jouissance féminine, Adeline Fleury
Petit éloge du catholicisme français, Jean-François Bouthors
Petit éloge de David Bowie, Daniel Salvatore Schiffer
Petit éloge de l'enfant, Pierre Lassus
Petit éloge du running, Cécile Coulon
Petit éloge de la course cycliste, Jean Cléder
Petit éloge des gares, Pierre Lassus

Imprimé en France par CPI en avril 2019
Dépôt légal : juin 2019
N° d'impression : 152546
ISBN : 979-10-252-0454-2